A formação na sociedade do espetáculo

Leitura indicada

O coordenador pedagógico e a formação docente, VV. AA., 2ª ed.
O coordenador pedagógico e a educação continuada, VV. AA., 3ª ed.
O coordenador pedagógico e o espaço da mudança, VV. AA.
Henri Wallon: psicologia e educação, VV. AA., 2ª ed.
As relações interpessoais na formação de professores, VV. AA.

Maria Luiza Belloni

ORGANIZADORA

A formação na sociedade do espetáculo

Neide Pelaez de Campos
Maria José Subtil
Maria Elizabeth Goidanich
Isabella Maria Benfica Barbosa
Nilza Godoy Gomes
Roseli Zen Cerny
Anamelea de Campos Pinto

Edições Loyola

Direção
Pe. Fidel García Rodríguez

Preparação
Maurício Balthazar Leal

Revisão
Vera Lúcia Bazzo
Sandra Garcia Custódio

Diagramação
Maurélio Barbosa

Edições Loyola
Rua 1822 nº 347 – Ipiranga
04216-000 São Paulo, SP
Caixa Postal 42.335 – 04218-970 – São Paulo, SP
☎: (0**11) 6914-1922
📠: (0**11) 6163-4275
Home page e vendas: www.loyola.com.br
Editorial: loyola@loyola.com.br
Vendas: vendas@loyola.com.br

ISBN: 85-15-02531-0

SUMÁRIO

Apresentação

Enquanto preparávamos este livro, o mundo foi surpreendido pelo ataque terrorista aos Estados Unidos. Assistimos pela televisão, entre atônitos e incrédulos, símbolos universais do poder econômico e militar serem destruídos. As cenas tinham um ar de semelhança perversa com outras já vistas em superproduções de Hollywood. A vida real foi de novo inexoravelmente invadida pelo espetáculo. Com isso, todos os seres humanos com acesso à mais difundida das tecnologias de informação e comunicação — a televisão — foram forçados a encarar sua condição de parte do espetáculo.

A reflexão sobre o impacto de tais acontecimentos nos campos da educação e da comunicação remete ao texto clássico sobre a indústria cultural, no qual Adorno e Horkheimer diziam que "a civilização atual a tudo confere um ar de semelhança" e que os produtos culturais industrializados buscam "fazer crer que o mundo de fora é o simples prolongamento do que se acaba de ver no cinema".

Se considerarmos, porém, que há mais de trinta anos (1967) Guy Debord escreveu o livro *A sociedade do espetáculo*, veremos que tudo isso já estava descrito e que o que atordoou a humanidade no primeiro ano do século XXI foi apenas uma manifestação espetacular do que já vem ocorrendo no conturbado dia-a-dia que a modernidade tardia e radical nos impõe. Vinte anos depois, nos conturbados anos 1980 da hegemonia neoliberal e do "pensamento único", Debord retoma e atualiza seu conceito revolucionário. Em 1967, Debord distinguia duas formas, sucessivas e rivais, do poder espetacular, a *concentrada* (totalitarismo soviético) e a *difusa* (capitalismo ocidental). Uma e outra pairavam acima da sociedade real, como sua finalidade e sua mentira. Uma terceira forma foi se constituindo desde então, pela combinação calculada das duas precedentes, baseada na vitória daquela que se mostrara a mais forte, a forma difusa, do capitalismo: trata-se do *espetacular integrado*, que doravante tende a se impor mundialmente (*Commentaires sur la société du spectacle*, 1988).

Enquanto Debord descrevia a sociedade do espetáculo, Adorno advertia para a importância de repensar o passado e nos voltar para a educação política, que para ele identifica-se à educação para a emancipação. Adorno considerava que, "após Auschwitz, é preciso elaborar o passado e criticar o presente prejudicado, evitando que ele perdure e, assim, que aquele se repita". A educação sempre foi elemento essencial do projeto de sociedade da teoria crítica: a formação do sujeito emancipado é a base sobre a qual se constrói uma sociedade democrática. Já Debord via com grande pessimismo o progresso de uma sociedade em que o espetáculo se transformou na forma dominante das relações sociais, contaminando até a própria contestação.

Tanto os textos de Debord como os de Adorno e Horkheimer foram escritos "antigamente", se considerarmos a visão que os jovens de hoje têm da história. Todavia, a atualidade das análises que neles encontramos sobre o mundo em que vivemos agora pode inspirar-nos na busca de explicações e de alternativas de mudança.

Se fazemos parte do espetáculo sem nos dar conta, se o espetáculo é nossa realidade, não só porque tudo o que conhecemos da realidade é sua representação pelos meios de comunicação, mas porque as relações sociais estão impregnadas da lógica do espetáculo, então estamos presos à falsa consciência alienada produzida pelas mídias para nos adaptar às necessidades do sistema. Presos como num sonho do qual devemos acordar. E ajudar nossos jovens a tomarem consciência dessa realidade produzida, a retomarem as rédeas das próprias vidas, a fazerem uma leitura crítica das mensagens midiáticas e a dominarem as tecnologias ao invés de serem dominados por elas.

A educação emancipadora — a verdadeira formação que forma a consciência verdadeira — deverá ser um dos caminhos para a democracia política e social, para a construção de uma sociedade mais justa, mais solidária e inclusiva.

A proposta deste livro é dialogar com educadores, pais e comunicadores, sem oferecer fórmulas prontas — o que seria simplesmente atuar no espetáculo —, mas buscando um distanciamento que permita aprofundar a reflexão sobre a onipresença das tecnologias de informação e comunicação e de suas mensagens e sobre nossos limites e possibilidades enquanto seres humanos livres diante dessas maravilhosas máquinas de comunicar.

Abrindo nossa coletânea, o texto "A experiência estética na formação do professor", de Neide Pelaez de Campos, revela como a construção de um percurso pedagógico que inter-relacionou arte e natureza instigou um olhar sensível e cognitivo para o meio ambiente do entorno escolar, levando a descobrir uma árvore que se tornou foco gerador de estratégias de ensino de artes visuais e de vivências estéticas. Na ação e na reflexão, criou-se uma história que possibilita, hoje, compreender a importância da experiência estética na formação do professor do novo milênio.

Em "Mídia-educação ou comunicação educacional", Maria Luiza Belloni tenta estabelecer algumas bases conceituais para a delimitação desse novo campo teórico e prático que vem se formando e consolidando-se com o avanço técnico nas áreas da informática e das telecomunicações e seu impacto na cultura e na educação: a inter-relação entre os campos da educação e da comunicação, cuja convergência e cuja interseção sempre ocorreram, mas que assumem formas inéditas e importância redobrada com a incorporação das tecnologias de informação e comunicação.

O texto "Dos audiovisuais à multimídia", de Belloni e Subtil, apresenta numa perspectiva histórica a evolução das práticas pedagógicas e da análise conceitual relacionadas com o uso de discursos e linguagens não-verbais, especialmente a imagem, nos processos educacionais, indo buscar na *Didática Magna* de Comenius as origens dessa discussão, cuja presença no campo educacional é constante e vem ganhando importância inédita na história da educação com o incrível avanço das potencialidades comunicacionais das novas mídias.

"Mídia, consumo e cidadania", de Maria Elisabeth Goidanich, traz uma reflexão sobre o papel dos meios de comunicação na formação das identidades dos jovens deste século XXI. Baseado em pesquisa empírica, o texto mostra a visão de um grupo da juventude de classe média sobre o exercício de direitos e deveres dos cidadãos e o significado que os jovens atribuem à política e ao consumo. Representa um alerta para educadores, pais e comunicadores sobre a necessidade de formação desses jovens, no sentido de oferecer espaços para a discussão da atualidade, de forma que possam assumir as implicações políticas e sociais da vida adulta. Apresenta uma juventude crítica e consciente, um tanto diferente da visão que se tem dela no senso comum.

No texto "O jovem entre o bem e o mal na TV", Isabella Maria B. Barbosa desenvolve a idéia de que a televisão concorre com a família e a escola no processo de socialização das novas gerações. Analisa também como crianças e jovens elaboram e internalizam seu juízo moral sobre o uso da violência e a defesa dos valores socialmente dominantes, esses identificados com o "bem" contra as forças do "mal", e qual o papel da televisão nesse processo. Segundo a autora — baseada em resultados de pesquisas nacionais e internacionais —, esses sujeitos tendem a justificar a violência, presente na ação de seus heróis televisivos, como meio de resolver conflitos, desde que usada em defesa de fins considerados "nobres".

Embora ainda não tão disseminado quanto a televisão, o computador é, sem dúvida, uma das tecnologias mais importantes hoje, e sua integração ao ensino é um grande desafio para a instituição escolar. Em "Computador na escola: novas tecnologias e inovações educacionais", Nilza Godoy Gomes analisa diferentes estratégias de uso pedagógico da informática e, partindo do princípio de que a escolha da metodologia de uso do computador passa pela proposta pedagógica que o professor assume ou a escola desenvolve, discute algumas modalidades baseadas em teorias socioconstrutivistas, que propõem uma perspectiva inovadora.

Discutir a avaliação da aprendizagem nas novas modalidades de ensino, com destaque para a educação a distância, torna-se uma necessidade urgente para formação do sujeito crítico. O texto

"Avaliação da aprendizagem como processo de comunicação na educação a distância", de Roseli Zen Cerny, busca resgatar a avaliação, apresentando-a como uma possibilidade de comunicação entre o estudante e a instituição de ensino, entendendo o diálogo como parte fundamental de todo processo de formaçao.

O trabalho "Educação a distância mais aprendizagem aberta", de Maria Luiza Belloni, apresenta de modo sucinto as questões mais importantes que, em nosso entender, devem balizar a discussão, de grande atualidade, sobre essa modalidade de ensino. O texto enfatiza as macrotendências mais prováveis que apontam para uma convergência dos "paradigmas" presencial e a distância, possibilitada por usos adequados e intensivos de tecnologias de informação e comunicação (TIC) e por sinergias positivas entre as duas modalidades, resultando em melhoria do ensino convencional, com os aportes inovadores vindos da EaD, e também da educação a distância, beneficiada pela excelência acadêmica das universidades, e transformando radicalmente o papel do professor.

E é justamente das novas e velhas competências de que necessita o professor do século XXI para exercer seu novo papel que trata o texto "A experiência reflexiva na formação do professor", de Anamelea Campos Pinto, que enfatiza o caráter inelutavelmente reflexivo da função docente e aponta, como modo de encerrar esta coletânea, para aquele que consideramos ser o foco principal das mudanças em educação: o professor e sua formação.

Florianópolis, primavera de 2001.

Grupo de pesquisa Comunic
LANTEC/CED/UFSC

A experiência estética na formação do professor

NEIDE PELAEZ DE CAMPOS

A Paineira

No dia 14 de agosto de 1995, vivenciei no cotidiano do trabalho uma situação indescritível pela linguagem verbal, um fato que veio a se tornar fundamental para a compreensão da importância da linguagem visual na construção da subjetividade do sujeito/professor, bem como da necessidade de vivenciar experiências estéticas. **Naquele dia ensolarado de inverno, no período da manhã, uma Paineira[1] centenária estava sendo sacrificada! Foi dessa forma que vivenciei a poda da árvore.**

A cena, encontro inesperado, provocou em mim um olhar de estranhamento por alguns segundos, mas forte o suficiente para que vivenciasse sentimentos de vida e morte em um só corpo, deixando-me com uma sensação de vazio. A árvore e sua história chegavam ao fim. Sensação de vazio, sentimento de perda, são **sentidos** que se instalam, criando uma trama de relações entre o sujeito

1. Paineira é uma árvore comum na região e, portanto, no meio ambiente que cerca o *campus* universitário. Planta de origem brasileira, é conhecida popularmente no sul do Brasil como Paineira, nome científico *Chorisia speciosa*, da família (A.St.-Hil) Dawson — *Bombacaceae* (Camargo, 1996: 442).

apreciador e o objeto de apreciação estética — a Paineira. Recorro a Saramago para mostrar o quão intensa foi a vivência. Diz ele: "o sentido não é capaz de permanecer quieto, fervilha de sentidos segundos, terceiros e quartos, de direções irradiantes; que se vão dividindo e subdividindo em ramos e ramilhos, até se perderem de vista" (Saramago, 1997:135), reorganizando-se na construção da subjetividade do ser.

A qualidade e a intensidade de sentidos que envolveram o encontro com a árvore não permitiram que a razão fosse capaz de buscar, na lógica do conhecimento científico, elementos para constatar que a cena não significava a morte da árvore. O processo de poda fora correto, bem como a adequação do tempo no ciclo de desenvolvimento daquela forma orgânica. Assim sendo, a árvore tinha condições para logo fazer novas brotações e reconstituir-se. De fato, no campo científico, sob a égide do modelo positivista, as pesquisas partem de postulados e os procedimentos de atuação são minuciosamente explicitados; seus resultados, assim, podem ser previsíveis.

Na vivência da poda da árvore, pela via do estético-artístico, simbolicamente a árvore morreu. O conhecimento por meio da arte constrói-se diferentemente do campo científico. Na arte, os resultados não são previsíveis. Não há regras e nem modelos-padrão a serem seguidos, não existindo certo ou errado, mas sim a multiplicidade de possibilidades e resultados. O espaço da arte é livre e o conhecimento se constrói por meio de vivências e experimentações, envolvendo conhecimentos sensíveis e cognitivos. É importante pontuar que arte e ciência são dois modos diferentes de conhecer, e um não substitui o outro.

O campo de atuação da arte são os espaços naturais construídos e o ser humano com todas as suas especificidades. Em síntese, a matéria-prima da arte é o homem e suas inter-relações. Assim, a apreciação da forma orgânica da Paineira transcendeu à lógica da ciência e possibilitou-nos entrar num mundo de sensações que, organizadas, construíram percepções, permitindo aos sujeitos adentrar num espaço até então desconhecido que, sendo vivido, possibilitou construir experiências que levaram a inter-relacionar aspectos estéticos e éticos. Citamos Francastel por considerar importante sua contribuição para a compreensão da importância da arte. Para ele, "a convivência do artista com os modos de existência responsáveis pela cenografia espiritual de sua época é formulada dialogicamente" (in J. Campos, 1990: 56).

Os que olharam, apreciaram e vivenciaram a Paineira ao longo do tempo, agora, na ausência, viviam o vazio de não mais poder encontrar o inverno, a primavera, o verão e o outono, estações climáticas vivenciadas mediante o próprio existir da árvore. Entre as várias histórias vividas e construídas junto ao contexto da Paineira, algumas foram pouco a pouco sendo trazidas para o consciente.

A Paineira, semente que germinou, cresceu e se desenvolveu no solo da Ilha de Santa Catarina, em seu percurso histórico tão próximo, pertencia à Fazenda Assis Brasil, mais tarde propriedade da Universidade Federal de Santa Catarina. No *campus*, o espaço físico destinado ao Colégio de Aplicação teve o privilégio de guardar dentro de si, em seu centro, a Paineira, que a tudo assistiu e a tudo assiste. O Colégio de Aplicação começou a tomar forma física com a construção do primeiro bloco destinado ao "Ensino Primário", hoje denominado primeiro e segundo Ciclos do Ensino Fundamental. Ao longo do tempo, outras edificações foram sendo erguidas e a Paineira se tornou o núcleo central que agrega espaços físicos e é, também, testemunha de inter-relações humanas que se constroem e se desenvolvem no dia-a-dia escolar.

A Paineira, não tão frondosa e bela quanto no passado, mas bela no sentido pleno da existência e de presença histórica, bem como pela construção dos indivíduos que se fizeram e se fazem sujeitos à sua sombra, além de monumento histórico, é também núcleo de uma *mandala*[2], forma síntese que apresenta e desvela a existência humana. Portanto, a árvore não está isolada, mas é centro integrador, co-participante de um sistema maior, capaz de resgatar sentimentos e valores universais, contribuindo para a compreensão de fenômenos da

2. A palavra mandala vem do sânscrito e significa literalmente "círculo". Na consciência da maioria das pessoas, as mandalas são patrimônio da cultura oriental. Isso nem sempre foi assim, pois as mandalas se encontram na raiz de todas as culturas e estão presentes em todo o ser humano (Dahlke,1995: 353).

existência humana, como nascimento, vida, morte, transformação, entre outros, e transcendendo à imediaticidade do presente.

Nesse tempo histórico, a Paineira criou cenários de vida e de morte, mostrados pelo processo que lhe é inerente — nascimento e morte das folhas, flores, frutos e sementes que se transformam e renascem num novo corpo —, mas também morreu num sentido simbólico, quando foi radicalmente podada. Renasceu, porém, como um novo projeto de ensino e aprendizagem.

Entre as histórias construídas no Colégio de Aplicação, sejam elas individuais ou coletivas, a Paineira foi testemunho vivo e geradora de vivências e experiências que contribuíram para a formação de qualidades sensíveis e cognitivas de alunos e professores. Sou professora do Colégio de Aplicação, na área de Arte (Artes Visuais) e, entre os anos de 1986 e 1987, fiz os primeiros registros fotográficos da árvore, iniciando um percurso que já dura, aproximadamente, quinze anos. Assim, as fotografias são registros de uma postura diante da natureza. As imagens da velha árvore não foram só captadas na superfície do papel fotográfico; mais do que isso, são fragmentos de um tempo que está presentificado por meio de imagens. Observamos que a aproximação do indivíduo com a natureza, com as formas naturais, pode desenvolver uma capacidade que o possibilita disponibilizar-se para sentir, vivenciar e apreender fenômenos da natureza, bem como para trazer esse mundo externo para a interioridade do ser. Assim, vivências e experiências estéticas possibilitam ao indivíduo resgatar a vital relação do homem com a natureza.

Ao longo do tempo, essa apreciação foi se estruturando, à medida que se desvelava por meio da práxis da sala de aula na construção e no desenvolvimento de estratégias para o ensino e a aprendizagem dos conteúdos de arte. Hoje, reflete-se num modo especial de sentir a natureza e na profunda crença e compreensão da importância da arte na formação do ser humano. O ensino da arte, portanto, transcende os conteúdos essencialistas da arte. Por isso, advogo que a **educação estética e artística** tenha novos espaços no Ensino Fundamental, como, por exemplo, atribuir ao ensino da arte a mesma carga horária das outras áreas do conhecimento. A percepção e a compreensão dessa importância está fundamentada em pressupostos teóricos, mas legitimou-se por meio das próprias ações do vivenciar, refletir e fazer.

Experiência estética na relação arte-natureza

A ação do olhar para a forma natural da árvore, inicialmente sem compromisso, desvelou sentimentos fundamentais para a existência humana e para o entendimento de verdades universais. A Paineira, inicialmente, foi objeto de um olhar curioso e talvez pragmático que visava processos de ensino e aprendizagem em arte. As flores, os frutos e as sementes que caíam ao chão serviram como material para colagens e, no processo, passaram a ser geradores de temas de estratégias de ensino, quando os alunos expressavam-se por meio de desenhos, pinturas, *frotagge*[3] etc. Posteriormente, descobri o prazer desse olhar e, tomando consciência do processo, busquei novas experiências, agora intencionais. Então, insistentemente, voltava a olhar a Paineira, incorporando-a a meu repertório pessoal como objeto de apreciação estética e de reflexões cognitivas. Fragmentos desses registros, arquivados ao longo do tempo no inconsciente, possibilitam hoje a construção de um percurso que faz minha história de vida e quero crer tenham contribuído significativamente na formação da subjetividade dos alunos que foram co-autores das vivências estéticas, artísticas e pedagógicas.

Essa trajetória pessoal e pedagógica, que inter-relacionou, num movimento dialético, o vivenciar[4]–aprender–ensinar, foi determinante para a compreensão da importância da experiência estética na formação da subjetividade do indivíduo que transcende ao campo profissional. A árvore, inserida nas proximidades da sala de Artes Visuais, foi objeto de apreciação, à luz de um olhar estético-crítico e de um aprender tátil, pela manipulação de suas formas orgânicas.

---

3. Frotagem (fr. *frottage* = fricção). Técnica de desenho na qual um papel é colocado sobre qualquer material áspero, como pedaços de madeira ou pedras, e tratado com lápis ou carvão até adquirir a qualidade superficial da superfície de baixo (*Dicionário Oxford de Arte*, 1996).

4. As vivências no processo didático-pedagógico relatado nesse item se fizeram na co-participação de discentes e docente, envolvendo sensibilidade e razão.

As experiências possibilitaram o desenvolvimento de práticas pedagógicas associadas à arte, produção humana, com a arte da natureza. A árvore foi instigante pela permanência, mas também pela aparência, às vezes pela estética do belo, outras pela estética do feio, mas sempre provocadora de sensações que repercutiram na construção da subjetividade do ser. A interação com a natureza possibilitou a ampliação e a formação de repertórios de imagens e de significados que se manifestaram por meio de um fazer artístico original e expressivo de conhecimento sensível e cognitivo que, no decorrer de atividades de ensino, iam se multiplicando junto aos alunos[5].

Fazendo e refletindo

Na construção dessa caminhada, fui aprendendo a fazer e refletir sobre o que fazia, para voltar a fazer, entendendo a prática como um processo que envolve construção, desconstrução e reconstrução de saberes que, ao longo do tempo, se estruturam e se aprimoram. O exercício da ação-reflexão possibilitou o desenvolvimento de uma consciência que veio a favorecer a compreensão da importância e da responsabilidade individual no mundo, seja ele natural ou cultural. Por meio desse processo, construí uma "práxis humana" que, segundo Freire, é "unidade indissolúvel entre minha ação e minha reflexão sobre o mundo" (1980: 26). A práxis, portanto, é uma ação essencialmente humana, já que apenas o homem é capaz de realizar uma atividade, refletir sobre ela e transformá-la. Por intermédio da práxis descobri a natureza[6] e, assim, ela passou a ser estímulo gerador de muitas das estratégias de ensino desse período.

Tais vivências possibilitaram que descobrisse o contexto do meio ambiente natural que circunda a escola como uma legítima fonte de investigação para a construção de conhecimentos plásticos-visuais. Essa "descoberta" instigou novos "olhares" e possibilitou

---

5. Alunos de 1ª a 4ª séries do Ensino Fundamental, estudantes do Colégio de Aplicação, UFSC.

6. O conceito de "natureza" tem sido entendido sob dois aspectos: "primeiramente como a 'natureza de um ser', e o sentido de 'natureza' como 'a Natureza'" (Mora,1998: 495). Aqui estamos nos referindo ao segundo.

experiências que vieram a contribuir para o desenvolvimento de capacidades visuais para interpretar sensível e cognitivamente aqueles espaços. As reflexões sobre o fazer do professor e dos alunos geraram novos olhares em diferentes direções, influenciados por conhecimentos teórico-metodológicos, visões de mundo construídas pela diferença de tempo e espaço em nível pessoal e pela dinâmica do coletivo sociopolítico-cultural.

Na concepção humanista de natureza humana de Ostrower (1978: 6), a consciência e a sensibilidade das pessoas são inerentes à constituição do ser humano. Sendo assim, o indivíduo nasce com determinadas características e potencialidades que podem ser desenvolvidas ao longo da existência humana, desde que ele encontre condições para fazê-lo ao longo de sua existência. Entendemos que o ser humano é possuidor de potencialidades passíveis de desenvolvimento; dessa forma, a consciência e a sensibilidade, quando desenvolvidas, transformam-se em capacidades e incorporam-se à maneira de ser e agir do sujeito social. Desenvolvê-las seria um compromisso com a humanização do indivíduo.

Segundo esse princípio, a capacidade de perceber o mundo pela percepção estética torna-se possível quando o sujeito encontra espaço para fazê-lo, qualidade que contribui para educar e formar um sujeito humano, cidadão capaz de provocar mudanças no contexto social, hoje apontadas como urgentes e necessárias. Segundo Freire (1995: 77), são as capacidades estéticas que "fazem parar e admirar o sol. É o que me detém, perdido na contemplação da rapidez e elegância com que se movem as nuvens no fundo do azul do céu. É o que me emociona em face à obra de arte". Acrescento a essas palavras a idéia de que é possível para o sujeito em seu cotidiano *parar, olhar, sentir e conhecer o contexto em que está inserido*.

A sensibilidade na reconstrução de valores

Para Ostrower (1978: 12), sensibilidade "representa uma abertura constante ao mundo e nos liga de um modo imediato ao acontecer em torno de nós; sensibilidade é uma porta de entrada das sensações", construídas nas relações do "ser" com o externo natural e social, a todos oferecida e apreendida por todos os que se dispõem a vivenciá-las. Para Thums (1999: 36), "todos nós diariamente selecionamos nosso olhar, nosso perceber, nossa audição, nossos gostos, preferências, conforme a seleção automática que realizamos, segundo nossas experiências vivenciadas, consciente ou inconscientemente". Portanto, nossas seleções implicam nossas preferências, ou por razões que implicam sentimentos e sensações positivas ou negativas. Aprendemos a reconhecer, graças a essas vivências pedagógicas, que a intencionalidade[7] é uma possibilidade para a construção de um olhar estético crítico.

Freire diz que a aprendizagem requer intencionalidade e individualidade (in Thums, 1999: 36). Dessa forma é possível crer que o sujeito pode querer ou não querer aprender, ficando à sua escolha o como aprende e o quando; ou seja, ele é o sujeito, o "senhor" de seu conhecimento e de sua aprendizagem. Porém, aqui é importante considerar que para querer precisamos conhecer e reconhecer que podemos aprender, assim como que toda aprendizagem requer, segundo o autor há pouco citado, "desinstalar do mundo habitual e lançar-me para fora de mim mesmo". Entende-se, assim, que a construção do olhar estético-crítico, objeto do ensino de artes visuais, ao passar primeiro pela construção do "querer", poderá propiciar a intencionalidade das ações.

A construção das capacidades visuais envolve o desenvolvimento de potencialidades orgânicas e psicológicas sensíveis e cognitivas, portanto de ordem subjetiva e racional, que exigem o exercício do fazer. Assim, a conquista dessas habilidades requer que se as vivencie em profundidade. Como educadores ou formadores, parece ser nossa função criar situações que desvelem a beleza, a verdade, o sublime, a harmonia, a desarmonia, que podem estar contidos e apreendidos por nossos sentidos, interpretados e expressados, se assim for nosso desejo. Fundamentadas nas vivências e em experiências

---

7. "'Intencionalidade' da ação humana. Entendendo como, mais do que um simples ato proposital, o ato intencional pressupõe existir uma mobilização interior, não necessariamente consciente, que é orientada para determinada finalidade antes mesmo de existir a situação concreta para a qual a ação seja solicitada" (Ostrower,1978: 10).

estéticas, acreditamos, enquanto profissionais da educação, que os contextos vivenciais dos alunos possam ser vistos como um campo de pesquisa e investigação na construção de conhecimentos que façam sentido para suas vidas e para a vida em sociedade. Segundo Thums (1999: 9), "conhecer é experimentar os limites do saber".

Na soma do percurso: o sentido da experiência estética

A disponibilidade para olhar e apreender a visualidade do mundo e um olhar especial para o meio ambiente natural propiciaram-me vivências que me fizeram descobrir a presença de realidades ainda não desveladas por mim e que, portanto, não constavam de meu referencial de significações. Por meio do olhar sensível descobri um complexo mundo de inter-relações, "instalado" na Paineira; um verdadeiro ecossistema. A conscientização dessa realidade se tornou um marco na trajetória de atuação pedagógica e consolidou uma compreensão e um respeito pela natureza. A disponibilidade para vivenciar aquela árvore, plena de sentido simbólico, desencadeou sensações e sentimentos que provocaram uma ruptura no modo de olhar e apreender o mundo.

Para resolver uma situação de risco no espaço escolar, a árvore foi radicalmente podada, ação que gerou insistentes reflexões em decorrência da presença e da destruição do ecossistema instalado em seus galhos. A vivência disso possibilitou tomar consciência de que não era só a Paineira que estava sendo destruída, mas também um espaço de manutenção e geração de múltiplas formas de vida. A conscientização sobre essa realidade e sobre a dimensão do fato só se tornou possível pela constante presença da Paineira em processos de ensino e aprendizagem em que ela, recorrentemente, foi foco de observação e apreciação estética. O exercício do fazer pedagógico possibilitou entender que procedimentos intencionais são uma possibilidade concreta para o desenvolvimento das capacidades sensíveis e racionais necessárias à formação de maneiras diferentes de ser e pensar o mundo.

Ampliar e qualificar os espaços de formação, visando ao desenvolvimento de conhecimentos para a compreensão das relações que se estabelecem no meio ambiente vivencial, é um modo de "instrumentalizar" para pensar dialeticamente o micro e os macrocontextos, sejam eles naturais ou construídos. É também preciso querer e acreditar que é possível, no cotidiano, viver a beleza no movimento das formas orgânicas no tempo: a chuva, o sol, o vento e a brisa, estruturando-se para poder estruturar, posteriormente, novos espaços de sentido e de valor ético e estético. Sabemos que o desenvolvimento da percepção visual estética é construído e conquistado por meio do próprio exercício do fazer, burilado e qualificado no dia-a-dia. Segundo Goethe, "olhar apenas uma coisa não diz nada. Cada olhar nos leva a uma inspeção, cada inspeção a uma reflexão, cada reflexão a uma síntese e, então, podemos dizer que, com cada olhar atento, estamos teorizando" (in Feldman-Bianco, 1998: 40).

As vivências junto à natureza facilitaram conquistar condições para experimentar as aventuras da experiência estética, que consideramos fundamentais para o desenvolvimento humano, porque repercutem em qualidade de vida do sujeito indivíduo, bem como do sujeito social. A experiência estética possibilita ampliar capacidades, abrindo espaços para a apreciação, a reflexão e a crítica da sociedade contemporânea e para desejar que ela possa ser diferente. Para que mudanças possam ocorrer e o que parece uma utopia passe a ser uma realidade futura, é necessário criar e ampliar oportunidades para a aprendizagem de processos que levem à alfabetização estético-visual.

Refletir sobre essas questões remete-nos à cultura produzida e disponibilizada pelos meios de comunicação de massa pelos donos do poder, que, visando benefícios pessoais, criam, transformam, modelam, constroem padrões de consumo para auferir lucros; para que o lucro fosse sempre maior, criaram a *performance* da sociedade do espetáculo. Se fizermos um contraponto entre a estética das formas orgânicas na natureza e a estética do grotesco de alguns programas da televisão brasileira, avaliaremos que vivemos uma situação inaceitável para os direitos humanos. A aproximação dessas duas realidades tão conflitantes leva a acreditar na necessidade de se abrir espaços competentes para denunciá-las, visando à crescente não-aceitação por um número maior de pessoas. Belloni vem, há algum tempo, pesquisando a educação e as novas tecnologias e seu texto a seguir colabora com as reflexões que estamos desenvolvendo.

Aos ideais universais e às grandes teorias sociais opõem-se agora valores heteróclitos e narrativas fragmentadas; o espaço público dos salões e dos cafés burgueses é substituído pelo simulacro espetacular repetido incessantemente pelas diferentes mídias. Ao público esclarecido se opõe a massa indiferenciada de consumidores, agora em escala planetária (Belloni,1998: 147).

Voltando ao cenário da Paineira

Nada foi mais revelador no contexto da Paineira naquele dia 14 de agosto do que observar os pássaros que buscavam os galhos da árvore para pousar. Num vaivém desesperado, desorientavam-se por não compreender a nova realidade. Inicialmente, pareciam estar vivendo um momento de estranhamento, depois de desespero, pois a realidade que se mostrava ali os desorientou. Passaram, então, a entrecortar o espaço com vôos rasantes sob os poucos galhos que restavam. Acontecia ali uma mistura de cantos/trinados, som da motosserra e estalidos de galhos que caíam ao chão, tudo ressoando como um profundo lamento de dor. A fala sobre esse cenário é somente um relato histórico. Dizer da cena dos pássaros requer que se vivam os fatos por meio dos sentidos. Para Feldman-Bianco, "ao que é impossível descrever, torna-se indiscutível a prioridade da imagem visual, por sua capacidade de reproduzir e sugerir, por meios expressivos e artísticos, sentimentos, crenças e valores" (1998: 44). A força das imagens naquele cenário possibilitou que outras adormecidas emergissem, somando-se às novas, contituindo assim novos elementos que vieram a favorecer a compreensão e a importância da relação da arte com a natureza.

A Paineira, uma árvore com uma copa aberta, com os longos galhos espraiados ao sabor do vento, ou espreguiçando-se ao calor do sol, era agora só uma lembrança. Naquele final de tarde, os pássaros, ao voltarem para seus lares, descobriram que a casa laboriosamente construída por eles já não existia. Os casais de joão-debarro", que tanto trabalharam levando para o alto da árvore fragmentos naturais, construindo sua casa de barro, já não tinham mais seu abrigo. No final da tarde do mesmo dia 14 de agosto, os pássaros nos mostraram outro texto visual que expressava sua desorientação. Mediante vôos em direção às suas casas, que não mais existiam, e vencidos pelo cansaço, pousavam nos troncos recém-cortados. Talvez quisessem compreender o que havia acontecido, e com seus trinados desordenados expressavam surpresa e denúncia.

Após esse 14 de agosto de 1995, a desestruturação de sentidos, o vazio da presença na ausência solicitavam e faziam urgente um novo recomeçar. A história da árvore, as histórias dos sujeitos, os projetos de ensino pareciam não ter mais sentido. Agora era preciso aproximar-se e entender a nova realidade, preparando-se para outro reinício.

No dia que antecedeu ao do corte da árvore, um grupo de alunos das 3as séries do Ensino Fundamental, na faixa etária entre 8 e 10 anos, estava na aula de Educação Artística e observava a Paineira. Distanciavam-se para voltar a observar e expressar graficamente a linha inexistente que contornava os seus galhos. No dia seguinte, do círculo formado pelos galhos da árvore só restava o núcleo. A desestruturação daquele contexto natural, de um espaço de apreciação e conhecimentos, deixou um vazio emocional que requeria ser reconstruído mediante novas vivências. A Paineira, então, foi simbolicamente reconstruída pelos alunos a partir da linha do círculo externo ao círculo interno formado pelo tronco. Assim, a história renasceu por meio da *Mandala* intitulada *Paineira*.

A *Mandala Paineira* trazia a reflexão de processos de vida e morte na natureza, na cultura da atuação humana e no processo pedagógico. Nesse último, o momento foi de construção de uma nova experiência de ensino e aprendizagem, que visava especialmente os alunos e a professora ao trabalhar a ruptura do processo de ensino que vinha sendo desenvolvido e, além disso, os sentimentos por ela provocados. Portanto, o corte da árvore transcendeu os conteúdos específicos da disciplina de Arte e da sala de aula; assim, acreditamos na importância de levar para o coletivo da instituição os sentidos simbólicos da Paineira. Com a utilização de fragmentos da própria árvore e de outras formas orgânicas, a Paineira foi reapresentada no espaço escolar. O núcleo da *Mandala* foi constituído por um frasco de vidro cheio de sementes que o vento carregou, fragmentos em decomposição da árvore e outros materiais orgânicos, que serviram de elementos simbólicos para "dizer" dos processos de vida e morte da planta. Mediante a *Mandala* vivenciei e trabalhei a morte da Paineira, o que também fizeram alunos e professores que haviam construído uma relação visual sensível com aquela forma orgânica.

Natureza manifesta

Para surpresa da professora e dos alunos, a natureza compreendeu e respondeu de forma viva, surpreendendo a todos, por meio de uma forte e vigorosa brotação na primavera de 1995, quando, então, a Paineira concretamente renasceu. A força da natureza foi capaz de prepará-la para o novo renascer. Inicialmente apareceu no alto do tronco um pequeno broto, frágil e tímido, que durante alguns dias se manteve observador e solitário e foi o precursor de uma explosão de vida expressa nos viçosos brotos verdes que se seguiram. Essa expressão da natureza proporcionou-nos o privilégio de vivenciar um espetáculo de força e vida, preparando-nos para viver muitos outros.

Refletir sobre essa trajetória de experiências leva-me a constatar que o encontro, inicialmente gerado por um olhar de estranhamento para a natureza, foi de fato o começo de uma história de buscas intencionais de experiências estéticas. Por intermédio de procedimentos como *parar para olhar/mirar*, *sentir*, *refletir e expressar*, aconteceu a aproximação do sujeito com os objetos de apreciação, numa relação sensível e racional que envolveu, portanto, subjetividade e objetividade do ser. Dessa forma, as experiências estéticas interferiram significativamente no campo pessoal e profissional, e o que teve início a partir de uma ação espontânea veio a se constituir em processo de formação continuada.

Fundamentada nas experiências vividas, é possível dizer que experiências estéticas possibilitam mudanças no modo de ser e agir diante do mundo, favorecendo a formação de um sujeito estético-crítico-ético. Se for ele professor, será capaz de qualificar suas ações pedagógicas e, se sensível, será capaz de reagir a situações adversas, assim como a Paineira.

Bibliografia

BELLONI, Maria Luiza (dez. 1998), Tecnologia e formação de professores: rumo a uma sociedade pós-moderna?, *Educação & Sociedade* ano XIX, nº 65, 143-161.

CAMARGO, José A. et al (1996), *Catálogo de árvores do Brasil*. Brasília, Ibama.

CAMPOS, Jorge Lucio de (1990), *Do simbólico ao virtual*. São Paulo, Perspectiva.

CAMPOS, Neide P. de, PATRÍCIO, Zuleica Maria (set. 1999), Ecologia na relação arte-natureza educação através da estética, *UNIVILLE – Arte e Educação* v. 3, n. 2, 33-39, Joinville-SC, Universidade da Região de Joinville.

________ (2000), *Intencionalidade na construção do olhar estético-crítico do professor do ensino fundamental*, dissertação de mestrado em Mídia e Conhecimento, Programa de Pós-graduação da Engenharia de Produção, UFSC, Florianópolis, 171 fls.

DAHLKE, Rüdiger (1995), *Mandalas*. São Paulo, Pensamento.

DICIONÁRIO Oxford de Arte (1996). São Paulo, Martins fontes.

FERRARA, Lucrecia D'Aléssio (1993), *Leitura sem palavras*. São Paulo, Ática, 3ª ed.

FREIRE, Paulo (1980), *Conscientização*. São Paulo, Moraes, 3ª ed.

________ (1987), *Ação cultural para a liberdade*. Rio de Janeiro, Paz e Terra, 8ª ed.

________ (1995), *À sombra desta mangueira*. São Paulo, Olho d' Água, 2ª ed.

________ (1998), *Educação e mudança*. São Paulo, Paz e Terra, 22ª ed.

MORA, José Ferrater (1998), *Dicionário de filosofia*. São Paulo, Martins fontes.

OSTROWER, Fayga (1978), *Criatividade e processos de criação*. Petrópolis, Vozes, 2ª ed.

________ (1990), *Acasos e criação artísticas*. Rio de Janeiro, Campus.

________ (1998), *A sensibilidade e o intelecto*. Rio de janeiro, Campus.

QUINTÁS, Alfonso Lopes (1993). *Estética*. Petrópolis, Vozes.

SAMPAIO, Maria Narciza, LEITE, Lígia Silva (2000), *Alfabetização tecnológica do professor*. Petrópolis, Vozes.

SARAMAGO, José (1997), *Todos os nomes*. São Paulo, Companhia das Letras.

STRECK, Danilo (org.) (1999), *Paulo Freire — ética, utopia e educação*. Petrópolis, Vozes.

THUMS, Jorge (1999), *Educação dos sentidos*. Porto Alegre, Ulbra/Sulina.

ZANELLA, Andréa Vieira (21 ago. 2001), *Arte e ciência, ensinar e aprender*. Palestra proferida no Colégio de Aplicação da UFSC (não publicada).

WERNECK, Vera (1996), *Educação e sensibilidade*. Rio de Janeiro, Forense.

Mídia-educação ou comunicação educacional? Campo novo de teoria e de prática

Maria Luiza Belloni

Campo? Qual campo?

Este texto tem por objetivo contribuir para o esclarecimento de questões básicas para um campo emergente de conhecimento do qual participamos em diferentes níveis e funções (professoras, pesquisadoras, produtoras de mensagens pedagógicas e militantes da formação de professores nesta área, sem esquecer o papel de mães confrontadas com os personagens do ciberespaço e do consumo), no sentido de construir um novo espaço de reflexão e de intervenção educacional e comunicacional: a interseção — real — dos processos de educação e de comunicação e suas formas contemporâneas marcadas pelo avanço técnico. Embora a responsabilidade da redação final me pertença, este trabalho é fruto das discussões do grupo Comunic, de nossas perguntas, de nossas respostas tentativas e da análise de nossas próprias ações no exercício de todas aquelas funções. Pode-se dizer, pois, que as questões aqui levantadas são resultado de uma "reflexão-na-ação", isto é, de uma análise de nossas inquietações na ação, com base nas leituras de textos teóricos e relatos de pesquisa[1].

---

1. O Comunic é um grupo de pesquisa ligado ao LANTEC, Laboratório de novas tecnologias do CED/UFSC, formado de professoras e estudantes de pós-graduação, que vêm desenvolvendo pesquisas sobre diferentes temáticas neste campo da educação/comunicação. Fazem parte do grupo Comunic todas as autoras

Podemos identificar duas perspectivas ou abordagens que privilegiam diferentes aspectos dessa interseção — potencializada pela técnica — entre comunicação e educação: a primeira refere-se à **pedagogia dos meios** e vamos chamá-la de *educação-para-os-meios* ou *mídia-educação*; a segunda diz respeito aos **meios na pedagogia**, abordagem teórica e disciplina prática, conhecida como *tecnologia educacional* ou *meios ou recursos audiovisuais*. A primeira é preocupação de alguns comunicadores; a segunda é objeto de inquietação de poucos educadores. O tema que nos ocupa não tem, pois, centralidade nem no campo da educação (em que é confundido com tecnologia e relacionado com trabalho) nem no campo da comunicação, em que os interesses privados prevalecem, com exceção de alguns comunicadores, comunicólogos, professores de comunicação e pesquisadores que se inquietam com sua responsabilidade social. A evolução da segunda perspectiva, a dos educadores, está analisada em outro texto desta coletânea ("Dos audiovisuais à multimídia", de Belloni e Subtil), por isso limitar-nos-emos aqui a destacar alguns pontos importantes no desenvolvimento da primeira perspectiva: a que se preocupa com a influência, o papel socializador exercido pelas mídias na socialização das novas gerações, isto é, na formação dos indivíduos.

Observando a evolução dos interesses e das preocupações de pesquisadores, educadores e comunicadores da área da mídia-educação, podemos perceber uma mudança de foco que se manifesta na passagem de uma abordagem mais moralista e normativa ("Como defender as crianças do impacto negativo dos meios?") para uma formulação mais ampla: "Como o sistema de educação deve entender o sistema de meios e construir ecossistemas comunicativos a partir da realidade midiática em que estamos inseridos?"(Soares, 1999: 22).

---

desta coletânea, cuja organização é resultado de um trabalho coletivo de pesquisa e reflexão. Este texto, especificamente, surgiu de nossas discussões sobre muitos outros textos, ícones e hipertextos, em especial o relato de pesquisa de Ismar Soares, publicado na revista *Contato* em 1999. Essa pesquisa, que trata do delineamento do campo comunicação e educação e do perfil de profissionais e pesquisadores deste campo na América Latina, foi desenvolvida entre 1997 e 1998 pelo Núcleo de Comunicação e Educação da Eca/USP.

Embora ainda conserve a intenção normativa ("como o sistema deve [...] construir ecossistemas [...]"), essa nova abordagem do problema, revelada por uma pesquisa empírica que buscou registrar as preocupações teóricas e práticas de pesquisadores, representa um significativo avanço na área, pois inclui não apenas o conhecimento necessário para a ação, mas contempla também os **aspectos construtivos** ("ativos" do ponto de vista da aprendizagem e da construção do conhecimento) e **técnicos** ("ecossistemas comunicacionais") do fenômeno social sobre o qual se debruça. Isso significa ir além da análise dos conteúdos das mensagens e buscar esclarecer as relações estruturais que organizam as mensagens (como mercadoria) e sua distribuição. Além disso, e o que é fundamental, essa nova formulação recoloca no centro da polêmica um agente essencial: a escola, cuja função especializada de socialização exige a incorporação de todos os meios técnicos de expressão e comunicação.

Nessa formulação (bastante difundida entre jornalistas, comunicólogos e comunicadores latino-americanos), a pergunta básica desse novo campo de reflexão e de prática ("educação-para-os-meios") vai se fundamentar no conhecimento das diferentes interpretações e formas de apreensão das mensagens midiáticas, baseando-se, sobretudo, nos estudos de recepção. Esses estudos, realizados em alguns países da América Latina, servem como substrato para qualquer prática de educação-para-os-meios e como interrogação essencial desse novo campo: o que os indivíduos fazem com as mensagens que recebem? Embora o conhecimento proveniente das teorias da comunicação seja fundamental, cabe aqui reparar no "viés comunicacional" muitas vezes presente nos estudos de recepção e nas propostas desse campo. Decorrente da segmentação disciplinar, esse "viés" faz esquecer as teorias da aprendizagem, importantes para a compreensão do fenômeno que ocupa nossa atenção, também nos estudos de recepção das mensagens midiáticas. Com efeito, sendo os veículos de comunicação meios de percepção e de aprendizagem que geram modos de perceber e de aprender adequados a suas linguagens, qualquer teoria de recepção teria de considerar também as teorias da aprendizagem. Ou, dito de outra forma, a pergunta básica passa então a ser: como os indivíduos, especialmente os jovens, apreendem, interpretam e re-elaboram (apropriam-se como ferramentas, meios de expressão) as mensagens, consideradas em seus dois elementos essenciais e indissociáveis, a forma e o conteúdo, ou a ética e a estética? Não se trata apenas de compreender a influência dos conteúdos, mas de tentar identificar os efeitos das formas, que são novas formas de aprender.

Nossas inquietações dizem respeito à construção de um novo campo de intervenção social — **a inter-relação dos campos da educação e da comunicação** — ligado à formação de um novo campo intelectual, de reflexão, de ensino e de pesquisa. Essa dicotomia entre teoria e prática não nos deve surpreender, pois é característica essencial dos dois campos (teóricos e práticos) em análise, de cuja interseção real e material cada vez mais abrangente e profunda nasce esse novo campo de estudo e de intervenção, isto é, um campo teórico e prático que deve dar conta da **convergência inédita na história da humanidade dos processos de comunicação e educação**, decorrente da conjunção de fenômenos técnicos e econômicos: redes telemáticas, miniaturização de aparelhos eletrônicos, globalização econômica e mundialização da cultura (Belloni, 2001a, cap.2; 2001b).

Os incríveis avanços técnicos em eletrônica, informática e redes vêm criando um novo campo de ação, novos processos sociais, métodos de trabalho, mudanças culturais profundas, novos modos de aprender e de perceber o mundo (e portanto de intervir nele), com repercussões significativas no campo da educação, a exigir transformações radicais nos métodos de ensino e nos sistemas educacionais. Do mesmo modo, há que considerar as mudanças, também radicais, que estão a ocorrer no campo da comunicação: da televisão de grande público dos anos 1970 e 1980 (objeto dos estudos de recepção), passamos à TV por assinatura, e já vêm aí todas as maravilhas de interatividade via redes telemáticas. Do jornal regional de massa (RBS) ao telejornal planetário de "elite" (CNN), as mudanças são tantas e tão aceleradas que dificilmente podemos aqui fazer mais que as mencionar. Mudanças desse tipo estão ocorrendo em todas as esferas da vida social, na vida cotidiana de todos nós e de todos os nossos estudantes, sujeitos dos processos em questão; **já ocorreram e continuam a ocorrer, transformando o usuário, levando a**

escola de roldão, mas exigindo também novas formas de regulação das mídias de massa e, sobretudo, mudanças também na formação dos comunicadores. Sobre essas necessidades, sabemos muito pouco, o que nos leva a pensar que a regulação dos sistemas de comunicação e o questionamento da formação dos comunicadores não parecem constituir uma preocupação ou, em todo caso, não são objeto de estudo dessa área em que a ênfase está colocada no conhecimento do receptor e de suas interpretações. Embora com intenções bem diferentes, os estudos culturais ingleses e os estudos de recepção latino-americanos guardam um ponto em comum com as pesquisas funcionalistas americanas: o interesse em conhecer o receptor, suas opiniões e preferências.

Ações e propostas de educação-para-os-meios guardam ainda certo tom normativo e bem-intencionado, quase demiúrgico, que parece supor uma organização (instituição) capaz de intervir e transformar a realidade (quem seria? a escola? a igreja? qual? Uma agência de comunicação bem-intencionada?). No setor da comunicação, a ênfase está na formação profissional para o mercado, e acredita-se na regulação "natural" desse mercado. No campo da educação, de modo geral, ignora-se a questão, reduzindo os meios a seus aspectos meramente instrumentais, como se fossem ferramentas neutras e não meios produtores de significados. E aí cabem as famosas perguntas: Quem educa os educadores? Quem forma os comunicadores? É importante lembrar que as potencialidades emancipatórias dos meios de comunicação e de educação dependem da capacidade dos indivíduos de se apropriarem deles (Belloni, 1995b).

Acreditamos, porém, que antes de avançarmos nesse terreno escorregadio que são os aparelhos conceituais desses campos, será melhor explicitar pelo menos um desses conceitos, que aparece muitas vezes com acepções diferentes: o conceito de "campo". Segundo Bourdieu, para construir a **noção de campo** é preciso ir além da primeira tentativa de análise de um campo qualquer como "universo relativamente autônomo de relações específicas". Isso porque as relações imediatamente visíveis entre os agentes envolvidos no campo tendem a disfarçar "as relações objetivas entre as posições ocupadas por estes agentes que determinam a forma de tais interações". Ou seja, temos de ir além das aparentes relações e antinomias típicas de um campo para chegar à compreensão das relações objetivas que determinam efetivamente a forma das interações sociais entre os agentes envolvidos, em nosso caso educadores e comunicadores e seus formadores, atuantes principalmente, mas não exclusivamente, nas universidades. Assim, a noção de campo, entendido como uma "estrutura de relações objetivas que explica as formas concretas das interações sociais", pode ter um grande valor heurístico, pois permitirá compreender melhor *o que está em jogo* (os interesses, *les enjeux*, que motivam a ação dos atores envolvidos) na emergência de um novo campo e contribuir não só para a construção do conhecimento novo como para a melhor definição de ações de intervenção (Bourdieu,1989: 66; 1984: 113).

Acreditamos oportuno lembrar também de Habermas e de suas reflexões sobre as relações entre conhecimento e interesse, que podem contribuir para esclarecer melhor as dificuldades de construção de novos campos de conhecimento — especialmente aqueles campos que nascem da interseção de outros campos já estabelecidos, como no caso de que nos ocupamos.

Em sua crítica ao positivismo, Habermas destaca as diferenças entre as ciências empírico-analíticas (da natureza), que "procedem de um interesse de conhecimento de ordem técnica", e as ciências humanas "críticas", que teriam "este interesse de conhecimento emancipatório em comum com a filosofia". Segundo Habermas, em primeiro lugar é porque ele é *homo faber* que o homem tornou-se *homo sapiens*: as ciências exatas seriam então "o prolongamento científico do setor de atividade instrumental ligado ao mundo do trabalho". Mas é também porque ele é "*homo loquax* que o homem pôde tornar-se *homo sapiens*", ou seja, é por meio da comunicação entre os seres humanos que se constrói o saber, especialmente o conhecimento sobre aquilo que é essencialmente humano: a cultura. É dentro desse quadro epistemológico, da construção de um **saber voltado para a emancipação**, que situamos esta reflexão sobre a inter-relação entre educação e comunicação, relação agora complexificada pela tecnologia (Habermas, 1979: 19 e 22; Habermas, 1973; Freitag, 1986).

Pontos para a discussão, ou "sete teses sobre mídia-educação"

Antes de continuar, gostaríamos também de lembrar as palavras de Bourdieu em uma de suas muitas considerações sobre o caráter científico do conhecimento sociológico:

> Diferente da teoria teórica — discurso profético ou programático que traz em si mesmo sua própria finalidade e que nasce e vive da defrontação com outras teorias —, a teoria científica apresenta-se como um programa de percepção e de ação só revelado no trabalho empírico em que se realiza. Construção provisória, elaborada para o trabalho empírico e por meio dele [a teoria científica] ganha menos com a polêmica teórica do que com a defrontação com novos objetos (Bourdieu, 1989: 59).

É no sentido de contribuir para a construção teórica e prática desse novo campo, não a partir de uma especulação profética ou programática, mas de uma reflexão fundamentada no trabalho empírico e voltada para ele, que propomos a discussão de alguns pontos, a nosso ver fundamentais, para aquela construção. Pretendemos aprofundar certos aspectos, levantar questões, polemizar um pouco, buscando esclarecer algumas questões conceituais e epistemológicas que nos parecem permanecer obscuras e que consideramos da maior importância para o desenvolvimento do campo da inter-relação educação e comunicação, enquanto teoria e prática. A saber:

1. A convergência dos dois processos sociais — comunicação e educação — não é fenômeno novo, sempre existiu, num sentido mais geral de processo de interação social: o professor sempre foi um comunicador, como gostava de ressaltar a saudosa professora Mariazinha Fusari, e já não se pode negar a evidente e poderosa "pedagogia dos meios". Deve-se ressaltar, no entanto, que essa "pedagogia" tanto pode ser para o bem como para o mal, isto é, como "janela para o mundo" e como "escola do crime". O que é novo e desafiador é a técnica; o fato de que esta convergência ocorre num meio ambiente (ecossistema?) tecnificado. A tecnificação é um fenômeno geral típico de nossas sociedades contemporâneas, já tendo transformado o mundo do trabalho, os sistemas de comunicação e o mundo vivido do indivíduo. Vai entrando agora, com a força da informática e das redes telemáticas, nos sistemas de educação, mais especificamente no espaço escolar[2]. Nesse sentido, teoricamente **justifica-se a expressão "educar para os meios", mais pertinente do que "educar para a comunicação"**, que, em nossa opinião, não teria valor heurístico nem prático, por excessiva generalidade (Belloni, 2001a, cap. 2). Educar para as mídias define bem uma nova necessidade de ensinar os meios, fazer deles objetos de estudo e ao mesmo tempo instrumentos de comunicação e educação. Essa dupla dimensão da apropriação de qualquer "tecnologia da mente" — **objeto de estudo e ferramenta pedagógica a serviço de uma pedagogia renovada** — é indispensável e parte integrante da formação da cidadania e, portanto, dever da instituição escolar. Assim como a alfabetização passa a ser um direito do cidadão na modernidade e corresponde à difusão da imprensa, a formação do cidadão do século XXI deve incluir, necessariamente, uma "alfabetização técnica", e ir além dela, buscando a formação integral, que abrange tanto os aspectos éticos dos conteúdos e temas como os aspectos estéticos das "regras da arte" de cada suporte tecnológico, incluindo o conhecimento de suas potencialidades pedagógicas (Belloni, 2001a, cap.1).

2. Da tecnologia à comunicação: o uso educativo das tecnologias de informação e comunicação tem sido considerado e praticado a partir de uma abordagem instrumental típica da **tecnologia educacional**, considerada como um campo de intervenção e uma disciplina (Belloni e Subtil, neste livro). Cabe aqui uma pergunta que se pretende esclarecedora: os "meios" da educação-para-os-meios não são as mesmas "tecnologias" educacionais a serem utilizadas na educação? Como e, sobretudo, por que fazer essa separação? Compreensível nos velhos tempos da TV de massa e do rádio, a distinção entre tecnologias educacionais e meios de comunicação de massa deixou completamente de ter sentido em tempos de CD-Roms, redes

---

2. A idéia da "tecnificação" do meio-ambiente é já bem antiga, estando na base dos estudos sobre o trabalho e o lazer de um grupo de estudiosos da École de Hautes Études en Sciences Sociales de Paris (CETSAS), liderado por George Friedmann, nos anos 1970 (Belloni, 2001a, cap. 4); cabe também citar abordagens mais abrangentes, tais como as de Guy Débord (*La Société du Spectacle*) e de Mc Luhan (*A galáxia de Gutemberg*, entre outros).

telemáticas e máquinas interativas. Do ponto de vista da pedagogia, a **"abordagem pela ferramenta"** proposta por Dieuzeide (1994) parece corresponder melhor à dupla dimensão do fenômeno, porque transcende o caráter meramente instrumental e integra a reflexão sobre o caráter social da ferramenta e suas potencialidades comunicacionais e pedagógicas, sem perder de vista o respeito das "regras da arte". Outras definições ampliam de tal modo sua abrangência que perdem tanto seu poder de descrição e explicação do fenômeno como sua operacionalidade: "A comunicação educacional deveria tratar do conjunto de processos pelos quais as pessoas se transformam *e socializam através de sistemas (comunicacionais ou semióticos) de significação, modificando, em um contexto cultural, sua consciência e sua capacidade de participação social*" (Fainholc,1998: 3). Tal definição, por exemplo, peca por excesso de generalidade e baixo valor heurístico: comunicação educacional acaba por se confundir com o próprio processo de socialização. É importante lembrar também que essa é uma área de incertezas, um campo teórico e prático em construção onde "pululam" novos estudos e novas idéias e no qual muitos conceitos são provisórios. Sendo assim, é cada vez mais difícil definir limites e fronteiras rígidas entre comunicadores e educadores, cujas características estarão nas novas gerações por vir cada vez mais confundidas e multifacetadas (Belloni,1999a; Belloni e Subtil, neste livro). Para melhor compreender as dificuldades de integração desses dois campos, é oportuno lembrar que o importante são as "relações objetivas entre as posições ocupadas pelos agentes", ou seja, o jogo de interesses que envolve e se desenvolve em cada campo.

3. A concepção de **mídia-educação** (ou educação-para-os-meios, ou educação-para-as-mídias) mais comumente difundida parece identificar esse campo, ou melhor, seus conteúdos, com o conhecimento sobre os meios e principalmente sobre suas mensagens, conhecimento concebido como meio de controle sobre aqueles meios. A definição de **educação-para-a-comunicação**, outra variante dessa vertente, peca pelos mesmos excesso de generalidade e baixo valor heurístico apontados acima: comunicação é um conceito demasiado amplo e não contempla a especificidade do problema que nos ocupa, referente mais às características técnicas dos meios. Acreditamos essencial esclarecer que mídia-educação não significa apenas promover o conhecimento **sobre** os meios (suas mensagens, suas virtudes e seus embustes), mas, sobretudo, buscar o conhecimento **dos** meios (isto é, da estética, das "regras da arte" e dos aspectos operacionais) que irá permitir ao ser humano utilizá-los como meios de emancipação. Nesse sentido, gostaríamos de propor também aqui o resgate daqueles ideais iluministas, que ainda não realizamos, justamente em seus aspectos emancipatórios, a educação para todos e o conhecimento e a informação como instrumentos não de **controle social** (da sociedade, representada pelo Estado e pela empresa) sobre os indivíduos, mas de controle da sociedade civil, por seus segmentos organizados, sobre os meios, isto é, sobre as empresas de comunicação. Este nos parece ser um caminho para a emancipação e de promoção da cidadania (Belloni, 1995b). As finalidades maiores da educação, seu papel social, contemplam, no projeto iluminista, a alfabetização em todas as linguagens e técnicas. **Formar a criança capaz de refletir, criar e se expressar em todas as linguagens e usando todos os meios técnicos disponíveis na sociedade: eis um objetivo essencial de qualquer sistema de ensino** (UNESCO, 1984; Masterman, 1993; Pinto, 1998, 1997; Gonnet, 1997; Fuenzalida, 1991; CENECA, 1992; Belloni, 1991, 2001a; Soares, 2000, 1999, 1995). Evidentemente, sobretudo em países como o Brasil, a escola pública e os sistemas públicos de comunicação têm um papel fundamental a desempenhar no sentido de promover a igualdade de acesso e evitar o agravamento das desigualdades sociais e regionais decorrentes do avanço técnico. Mas essa perspectiva redistributiva, condição necessária, não é todavia suficiente: além de assegurar o acesso de todos os jovens a escolas bem equipadas, é preciso saber ensinar com as tecnologias.

4. Dupla dimensão de um mesmo fenômeno: assim entendemos que deva ser compreendida e conceituada a integração dos meios técnicos aos processos educacionais institucionalizados e sistematizados. Isso significa que, na teoria como na prática, é difícil separar as duas áreas (**mídia-educação** e **comunicação educacional**). Ao contrário, devem ser consideradas **duas dimensões do mesmo processo de integração à educação, de todas mídias,**

ou das TIC, desde o livro e o jornal ao "último grito *high tech*", recém-disponível no mercado. Afinal, como foi dito acima, os meios técnicos são os mesmos, sejam utilizados pelos sistemas de comunicação ou pelos de educação O que diferencia sua utilização são os objetivos e finalidades de um e de outro campo: enquanto no campo da comunicação os meios tecnológicos são incorporados rapidamente segundo as exigências do mercado, na educação temos precariedade e rejeição. A incorporação dos meios técnicos pelas instituições de educação só será realmente eficiente e eficaz (isto é, adequada às demandas sociais) se incluir a reflexão sobre as "regras da arte" do meio técnico utilizado e sobre sua contextualização social, cultural, política e econômica, ou seja, se respeitar a **dupla dimensão do uso pedagógico** de qualquer mídia: **ao mesmo tempo objeto de reflexão e instrumento pedagógico**. Cabe, então, às instituições educacionais, responsáveis pelo processo de formação das novas gerações, "apropriar-se de intenções, códigos e ferramentas para provocar democraticamente, segundo cenários e atores diversos, outras práticas sociais e culturais" (Fainnholc, 1998: 7). Segundo essa autora, *comunicar cultura é recriar significados compartilhados*, de onde se depreende que os processos educacionais devem incluir necessariamente o desenvolvimento das competências comunicacionais (Habermas) dos aprendentes, com e para o uso de todas as técnicas de comunicação existentes na sociedade (Jacquinot, 1996; Babin, 1989; Belloni, 2001a). É preciso lembrar que, embora nos processos educacionais *stricto sensu* as TIC ainda não tenham sido incorporadas, no processo mais global de educação, que a sociologia chama de **socialização** e a teoria crítica de **formação**, tais meios técnicos já estão integrados há muito tempo, abrindo horizontes, modificando modos de pensar e aprender, contribuindo para aprofundar e agravar as características mais perversas de nossas sociedades contemporâneas: a desigualdade social e regional e a exclusão social, **sendo esta última a razão principal da urgência de sua integração à escola pública.**

5. Novas funções: comunicador/educador, educomunicador ou comunicador responsável? Novas funções têm surgido no mercado da educação e sido ocupadas principalmente por profissionais da comunicação que assumem cada vez mais funções de "gestão de processos comunicacionais" no espaço escolar e na educação a distância. Essas funções parecem corresponder tanto ao que os sistemas tradicionais de ensino a distância chamam de *instructional design* como a uma espécie de "animação cultural ou midiática" do espaço escolar. Para a primeira, os portugueses usam a expressão **tecnólogo educacional**, que tem a vantagem do vernáculo mas nem por isso se liberta do peso da filiação tecnicista e behaviorista. Quanto à segunda função, podemos idenficar muito de suas atribuições com as do "pedagogo especialista", que os cursos de pedagogia estão deixando de formar por incompatibilidade com a real situação e com as necessidades da escola. Talvez devêssemos "resignificar" essa função e formar pedagogos em nível de especialização e com experiência de sala de aula como nas propostas técnicas originais, agora com uma perspectiva de integração de meios técnicos na educação. O assunto é polêmico e inscreve-se na discussão mais geral sobre a crise gerada pela obsolescência da formação oferecida pelo ensino superior e pós-médio, em todas as áreas de conhecimento e formação profissional. No campo específico da educação, a crise é ainda mais visível e manifesta-se na indefinição e nas divergências quanto à formação de professores e outros profissionais da educação. Acreditamos, todavia, que no campo emergente objeto de nossa atenção já existem alguns pontos de referência que é importante destacar: é preciso não esquecer que **à formação de educadores sintonizados com as novas linguagens presentes nas mídias deve corresponder a formação de comunicadores mais sintonizados com as funções educacionais das mídias e sua responsabilidade social**. Da mesma forma que o espaço escolar necessita deixar entrar as mídias, é imprescindível que os espaços comunicacionais ou midiáticos voltem-se mais para objetivos realmente educativos. A formação de comunicadores é condição *sine qua non* para que isso ocorra, embora infelizmente esteja longe de ser condição suficiente.

6. Formação de educadores: o núcleo da questão. Não pode haver inovação pedagógica nem reformas educacionais sem a participação ativa dos professores. Evidentemente, essa função, como todas as outras, sofre mudanças derivadas das mudanças sociais. Em textos publicados recentemente, tratamos de especular sobre os novos papéis do professor diante dos desafios colocados pelos novos meios técnicos de informação e comunicação, especialmente as redes telemáticas, e por novas modalidades de ensino, como a educação a distância (Belloni, 1999a, 1998a). Papéis e funções radicalmente novas que os educadores devem partilhar com profissionais de outras áreas, tais como comunicadores, artistas, técnicos, informatas e outros especialistas. No livro sobre educação a distância propomos um conceito novo para tentar compreender as atribuições desse novo profissional da educação: o **professor coletivo**, ou seja, uma equipe de professores como forma de dar conta do aluno autônomo, típico do século XXI (Belloni, 1999a). Nessa perspectiva, é necessário, fundamental mesmo, desenvolver uma abordagem integradora centrada no aprendente, que promova a formação do usuário autônomo e competente: o ser humano capaz de expressar-se em todas as linguagens, o que demanda professores, educadores e comunicadores capacitados para levar a cabo tal tarefa. Do ponto de vista da formação de profissionais, é preciso evitar a segmentação desse novo campo em disciplinas e funções (carreiras) e buscar uma formação integrada e integradora, que considere efetivamente o caráter duplamente complexo dos campos epistemológicos da educação e da comunicação: a ambigüidade entre a teoria e a prática e o caráter multidisciplinar dos dois campos. À idéia de um **educomunicador** proposta pelo professor Ismar Soares[3], que seria um novo profissional especialista, formado no campo da comunicação para atuar no espaço escolar, isto é, no cam-

3. Ismar Soares, professor e pesquisador do NCE/ECA/USP, já vem desenvolvendo, há alguns anos, esta proposta de um novo profissional de comunicação, para atuar em espaços educacionais. Ver, por exemplo: "A comunicação no espaço educativo: possibilidades e limites de um novo campo profissional", in revista *Perspectiva*, nº24, 1995; "A nova LDB e a formação de profissionais para a inter-relação Comunicação/ Educação", in revista *Comunicação e Educação*, nº2,1995; "Educomunicação: um campo de mediações", in revista *Comunicação e Educação*, nº19,2000; "Comunicação/Educação: A emergência de um novo campo e o perfil de seus profissionais", in revista *Contato*,nº2,1999.

po da educação, gostaríamos de contrapor a idéia de uma **formação integradora que prepare educadores e comunicadores para suas novas funções, derivadas da convergência tecnológica dos dois campos**. Para alguns educadores e pesquisadores conceituados, no entanto, o "educomunicador" nada mais é do que um professor capaz de utilizar as novas tecnologias em seu trabalho cotidiano. Talvez a formulação mais clara dessa questão seja a de G. Jacquinot, renomada pesquisadora francesa, que há muito vem trabalhando com esse tema:"O educomunicador não é um professor especializado encarregado do curso de educação para as mídias, é um *professor do século 21*, que integra as diferentes mídias em suas práticas pedagógicas" (Soares, 1999: 61). Para que isso aconteça, para que tal professor passe a existir, é preciso transformar radicalmente a formação dos professores e portanto revolucionar as agências formadoras, subverter os campos intelectuais estabelecidos e construir conhecimento novo.

7. A necessidade de pesquisas na área é, pois, incontestável, terreno em que se pode observar com mais clareza a irredutibilidade dos dois campos estabelecidos nas diferentes "academias". Tal irredutibilidade, que torna mais difícil desenvolver estudos ou trabalhos integrados, manifesta-se em antinomias teóricas e práticas do tipo pedagogos *versus* comunicadores, tecnicistas *versus* construtivistas, apocalípticos *versus* integrados. Entre as antinomias mais conhecidas, talvez a de maior visibilidade seja a definição das funções do professor como "conteudista", uma função secundária na produção de materiais de ensino a distância. Essa visão quase caricatural das funções dos educadores nas relações com os comunicadores está muito presente na prática do ensino a distância e nos textos e propostas relacionadas ao tema, que colocam a questão como uma oposição entre o tradicional e o moderno ("*o tradicional mundo da educação e o vibrante mundo da comunicação*", segundo P. Furter, apud Soares, 1999: 46), cabendo aos educadores a pecha de tradicionais e aos comunicadores as glórias da modernidade, o que leva o autor a prever o fim da escola. Acreditamos que tal visão apenas retoma e reforça velhos estereótipos, não vindo a contribuir em nada para fazer avançar a compreensão de um fenômeno tão complexo. Em contrapartida, críticas e afirmações desse tipo em geral ignoram o elemento mais importante para a compreensão do atraso estrutural da instituição escolar em integrar as novas tecnologias: as relações objetivas que explicam as características de cada um dos campos envolvidos, seus atores e os interesses em jogo. É preciso não esquecer a totalidade, isto é, o caráter privado e de negócio extremamente lucrativo da utilização das tecnologias no campo da comunicação em contrapartida ao caráter público de serviço não-lucrativo da educação. Embora essas características não sejam excludentes nem absolutas (pode haver sistemas públicos de comunicação e a educação é cada vez mais um negócio lucrativo), elas são estruturalmente prevalecentes. São esses aspectos estruturais que explicam a irredutibilidade dos dois campos intelectuais em análise e cuja compreensão poderia, talvez, possibilitar apontar caminhos mais profícuos para a construção desse novo campo emergente que nos interessa construir. Do ponto de vista epistemológico, será necessário investir esforços na definição de pistas de pesquisa que orientem estudos e a formação de educadores para a análise integrada das múltiplas dimensões desse fenômeno intricado e complexo: a integração dos novos meios técnicos de comunicação e informação aos processos educacionais, sistematizados e institucionalizados a que comumente chamamos "educação". Será preciso investigar **como ocorrem os processos de aprendizagem *dos e com* os meios técnicos**, os modos e as estratégias mobilizadas, a autodidaxia, a andragogia (professores em formação são adultos em processo de aprendizagem), as regras da arte dos meios e uma multiplicidade de outros temas de igual importância. Será preciso mudar radicalmente a formação de professores, para que sejam evitados equívocos como os detectados recentemente em enquete feita com estudantes paulistas pela Escola do Futuro da Universidade de São Paulo (USP), que revelou uma parcela significativa (18%) de alunos da USP que acreditam que no futuro não haverá mais professores na universidade, bem como uma grande maioria (62%) que pensa que no futuro muitas aulas serão dadas a distância (*Folha de S. Paulo*, 5-8-2001).

Mídia-educação: o caminho que leva da tecnologia à comunicação educacional

A preocupação com definições e conceitos desse novo campo explica-se pela preocupação com a formação de educadores capazes de realizar satisfatoriamente a integração aos processos educativos das novas e velhas tecnologias de informação e comunicação. A responsabilidade dos sistemas educacionais diante desse novo desafio é considerável e assusta muitos educadores. Impõe-se uma nova área de estudo e reflexão, que, na falta de melhor nome, para assegurar um mínimo de precisão, vamos denominar **mídia-educação**. Tal conceito tem a vantagem da concisão e de remeter ao conceito internacionalmente usado, em inglês evidentemente, media-education, mas está longe de obter unanimidade[4].

Tais definições foram tema de outros trabalhos e não cabe tratar delas aqui (Belloni, 2001a, 1991). Gostaríamos apenas de ressaltar que, fora das academias brasileiras, "uma nova disciplina universitária, as ciências da informação e comunicação, acha-se de fato no cruzamento destas reflexões e tenta estruturar o conjunto destas questões" (Gonnet, 1997: 9), porém é importante não esquecer que essa nova "disciplina" tem por característica principal, justamente, ser multidisciplinar e estar na interseção de dois campos teórico-práticos já estabelecidos: a comunicação e a educação.

Desde as primeiras definições desse campo nos anos 1960, em reuniões de especialistas sob os auspícios da UNESCO, esteve sempre presente a idéia de que **a mídia-educação é condição *sine qua non* para a educação para a cidadania**, sendo considerada um instrumento fundamental para a democratização das oportunidades educacionais e do acesso ao saber e, portanto, de redução das de-

4. O conceito evoluiu de educação-para-os-meios" ou "educação-para-a-mídia" para "mídia-educação" (neologismo de origem inglesa, que tem a vantagem da concisão, evitando a discussão sobre as preposições), conservando seus elementos fundamentais: o enfoque nos meios, isto é, nas técnicas (e não na comunicação), e a preocupação com as novas gerações, ou seja, em investir nas mediações sociais, escolares e/ou familiares, susceptíveis de desempenharem um papel de proteção e de resistência face às mídias (Belloni, 2001a,cap.3).

sigualdades sociais (Belloni, 1991, 1995b, 2001a). As novas orientações propostas para os anos 1990 levavam em consideração todas as mudanças que surgiram na mídia-educação: a reflexão sobre as finalidades dessa educação-para-as-mídias, em que os objetivos de proteção às crianças coexistem com objetivos "mais positivos de compreensão, de decodificação e de formação de uma mentalidade de exigências frente às mídias", e, principalmente, "a evolução tecnológica das próprias mídias que subverte as regras do jogo" (Bazalgette, Bévort e Savino, 1992).

Cabe lembrar que estas reflexões visam suscitar questões e provocar o debate sobre as concepções de educação e de comunicação que inspiram os atores desses campos. Elas mesmas se inspiram em uma concepção de educação para a autonomia que supere a velha pedagogia da "educação bancária" e se volte para a formação que leve à apropriação criativa dessas novas tecnologias, sem a qual estaremos arriscando ampliar ainda mais a legião de **ciberexcluídos**. Todavia, é preciso não esquecer que também essa questão transcende os aspectos puramente técnicos e/ou científicos para situar-se no nível da definição política das grandes finalidades da educação, o que depende das escolhas da sociedade: deve a escola educar **também** para a cidadania ou **apenas** para o mercado de trabalho?

Bibliografia

BABIN, P. (1991), *Langage et Culture des Médias*. Paris, Universitaires.

_________ (1989), *Os novos modos de compreender.* São Paulo, Paulinas.

BALZAGETTE, C., BÉVORT, E., SAVINO, J. (edit.) (1992), *L'Éducation aux médias dans le monde: nouvelles orientations*. Paris, BFI/CLEMI/UNESCO.

BAUDRILLARD, J.(1995), *Le crime parfait*. Paris, Galilée.

BELLONI, M. L. (2001a), *O que é mídia-educação*. Campinas, Autores Associados.

_________ (2001b), A integração das tecnologias de informação e comunicação aos processos educacionais, in BARRETO, R. G., *Tecnologias educacionais e educação a distância*.Rio de Janeiro, Quartet.

_________ (1999a), *Educação a distância*. Campinas, Autores Associados.

_________ (1999b), O vídeo na pré-escola, *Tecnologia Educacional* nº 144, Rio de Janeiro.

_________ (1998a), Tecnologia e formação de professores: rumo a uma pedagogia pós-moderna?, *Educação e Sociedade* nº 65, Campinas.

_________ (1998b), Estética da violência, *Comunicação e Educação* nº 12, São Paulo.

_________ (1995a), Escola *versus* televisão: uma questão de linguagem, *Educação e Sociedade* nº 52, Campinas.

_________ (1995b), A espetacularização da política e a educação para cidadania, *Perspectiva* nº 24, Florianópolis.

_________ (1994), A mundialização da cultura, *Sociedade e Estado* vol. IX, nº 1/2, Brasília.

BOURDIEU, P. (1989), *O poder simbólico*. Lisboa, Difel (trad.portuguesa).

_________ (1984), *Questions de Sociologie*. Paris, Minuit.

CENECA (1992), *Educación para la comunicación, manual latinoamericano*. Santiago, CENECA/UNESCO.

CITELLI, A.(2000), *Comunicação e Educação: a linguagem em movimento*. São Paulo, Editora SENAC.

DEBORD, G. (1997), *La société du spectacle*. Paris, Champ Libre,1971 (trad.brasileira [1997]: Rio de Janeiro, Contra-ponto).

DERY, M. (1997), *Vitesse Virtuelle la Cyberculture Aujourd'hui*. Paris, Abbeville (trad.francesa).

DIEUZEIDE, H. (1994), *Les Nouvelles Technologies*. Paris, Nathan.

FAINHOLC, B. (1998), El uso de los recursos de la comunicación para el aprendizaje cooperativo. *Paper* apresentado no Congresso Internacional sobre Educação e Comunicação, São Paulo.

FREITAG, B. (1986), *A teoria crítica ontem e hoje*. São Paulo, Brasiliense.

FRIEDMANN, G.(1977; 1ª ed. 1966), *Sept Études sur l'Homme et la Technique*. Paris, Denoël-Gonthier.

_________ (1979), *Ces Merveilleux Instruments*. Paris, Denoël-Gonthier.

GIDDENS, A. (1991), *As conseqüências da modernidade*. São Paulo, UNESP.

_________ (1997), *Modernidade e identidade pessoal*. Oeiras, Celta Editora.

GONNET, J. (1997), *Education et médias*. Paris, PUF (Col. Que sais-je?).

HABERMAS, J. (1973), *La Technique et la Science comme Idéologie*. Paris, Denoël-Gonthier (trad.francesa).

_________ (1979), *Connaissance et Intérêt*. Paris, Gallimard (trad.francesa).

JACQUINOT, G. (1996), *Les Genres Télévisuels dans l'Enseignement*. Paris, Hachette.

_________ (1977), *Image et pédagogie*. Paris, PUF.

LURÇAT, L. (1995), *Le temps prisonnier*. Paris, Desclée de Brouwer.

MASTERMAN, L. (1993), *La enseñanza de los medios de comunicação*. Madrid, Ediciones de la Torre (trad. espanhola).

MONGIN, O. (1998), *A violência das imagens*. Lisboa, Editorial Bizâncio.

PEREIRA, S. (1999), *A televisão na família*. Braga, Centro de estudos da Criança — CIEC, Universidade do Minho.

PERRIAULT, J. (1996), *La communication du savoir a distance*. Paris, L'Harmattan.

PINTO, M., Retos y estrategias para la formación del profesorado en medios, in MARTIN, A .G. (coord.) (1998), *Formación del profesorado en la sociedad de la información*. Segovia, Universidad de Valladolid.

_________, A infância como construção social, in PINTO e SARMENTO (org.) (1997), *As crianças: contextos e identidades*. Braga, Universidade do Minho.

SOARES, I. (1999), Comunicação e educaçao: a emergência de um novo campo e o perfil de seus profissionais, *Contato* nº 2.

_________ (2000), Educomunicação: um campo de mediações, *Comunicação e Educação* nº 19.

_________ (1995), A comunicação no espaço educativo: possibilidades e limites de um novo campo profissional, *Perspectiva* nº 24.

TRINDADE, A. R. (1992), *Introdução à comunicação educacional*. Lisboa, Universidade Aberta.

TURKLE, S. (1984), *Les Enfants de l'Ordinateur*. Paris, Denoël.

_________ (1997), *A vida no Ecrã*. Lisboa, Relógio d'Água.

UNESCO (1984), *Éducation aux médias*. Paris, UNESCO.

_________ (1996), *A Educação encerra um tesouro*. Relatório da Comissão Internacional sobre a Educação para o século XXI, presidida por J. Delors. Paris, UNESCO.

Dos audiovisuais à multimídia: análise histórica das diferentes dimensões de uso dos *audiovisuais* na escola

MARIA JOSÉ SUBTIL
MARIA LUIZA BELLONI

1. A gênese histórica da inclusão dos *audiovisuais* na escola

O conceito de *audiovisual* no ensino foi sendo construído a partir de determinadas visões e concepções de ensinar/aprender e remonta ao século XVII, quando eclodiu o movimento denominado "realismo pedagógico" desencadeado por alguns educadores que se contrapunham à organização, à estrutura e aos métodos empregados na escola, em especial ao excessivo verbalismo[1]. Cabe reconhecer nessas concepções a matriz teórica empirista remanescente de Bacon e Locke. Um exemplo clássico é o manual de ensino *Primeiras lições de coisas de Norman Calkins*, de 1861, que tem como princípio

1. Optamos por utilizar o termo *audiovisual*, em itálico, desacompanhado de qualquer outra denominação (meios, materiais, técnicas, recursos etc.) por pretendermos abordar esse conceito em sua generalidade e para que não haja confusão com as abordagens dos autores estudados. Cabe ressaltar que esta é uma denominação muito comum em nossas escolas. Do mesmo modo, os autores aqui analisados são, na maioria, autores utilizados freqüentemente nos cursos de formação inicial de professores (licenciaturas).

epistemológico serem os sentidos a origem do conhecimento e das idéias (claras e distintas), intuídas a partir da experiência, base geral da reflexão (Valdemarin, 1998: 90).

Parra (1977) afirma que os traços característicos daquela época são "[...] a ênfase à investigação, à exploração da natureza, à observação direta dos próprios fenômenos" (p. 18) e a consideração dos sentidos como portas para o conhecimento.

O expoente dessa corrente é Comênio (1592-1670), o famoso autor da *Didática Magna* — tratado sobre a arte de ensinar —, onde apregoa que aprender é uma experiência sensorial, direta, realista e intuitiva, isto é, a aprendizagem ocorrerá "se todas as coisas forem ensinadas, colocando-as imediatamente sob os sentidos[...] e fazendo ver a sua utilidade imediata. Acrescenta em seus fundamentos que o mestre deve "[...] principiar pelos sentidos e não dizer à criança o que ela pode aprender por si mesma [...]" (Comênio,1957, p. 230).

Comênio reforça essa visão sensorial/empirista afirmando: "Uma vez que [...] no mundo visível nada há que se não possa ver, ou ouvir, ou apalpar, e, por isso, que se não possa saber o que é e de que natureza [...] daí se segue que nada existe no mundo que o homem, dotado de sentidos e de razão, não consiga apreender" (p. 105).

Outro aspecto exaustivamente enfocado por Comênio é a intuição como base da instrução: "ensinar as coisas pelas coisas mesmas, isto é, a matéria antes da forma" (p. 439). Quanto a isso, cabe transcrever uma passagem significativa de sua obra, que poderá servir de base para a análise das abordagens contemporâneas do tema em pauta:

Exercitem-se primeiro os sentidos das crianças (o que é muito fácil), depois a memória, a seguir a inteligência, e por fim o juízo. Todos esses exercícios devem ser feitos um após o outro, gradualmente, pois o saber começa a partir dos sentidos, e, por meio da imaginação, passa para a memória e depois, pela indução a partir das coisas singulares, chega à inteligência das coisas universais e, finalmente, acerca das coisas bem entendidas, emite o juízo, o que permite chegar à certeza da ciência (apud Parra, 1977: 20).

Comênio é considerado o precursor do "moderno ensino audiovisual", dada a preocupação em ilustrar e tornar concreto o ensino para crianças. Escreveu o livro *Orbis pictus* (o mundo ilustrado), considerado o primeiro livro "visualizado", uma pequena enciclopédia infantil ilustrada.

Os principais representantes da corrente intuitiva, além de Comênio, seriam Pestalozzi (1782-1852), Herbart (1776-1841) e Maria Montessori (1870-1952), embora para esses autores a intuição não se restringisse apenas à sua etapa sensorial, mas partisse necessariamente das sensações para chegar às operações mais elaboradas: memória, inteligência e juízo.

Nessa linha, também Rousseau (1712-1758) destaca a necessidade de partir-se do sensível para chegar ao intelectual, mas não se limita à observação, propondo "recursos de concretização: a criança mesma deve fazer o seu mapa situando-se nele" (apud Parra, 1977: 22).

Pestalozzi insiste na importância das situações concretas, pois diz que o que se vê recorda-se mais intensamente do que o que se ouve. Propôs o método da "experiência direta" (natureza) e da experiência simulada. Defendia a percepção sensorial como uma base para chegar-se às "idéias claras"(id., ibid.: 24).

Herbart adota o princípio de mente como *tábula rasa*: "O homem, ao nascer... possui apenas o poder de entrar em relação com o seu ambiente, por meio de seu sistema nervoso. Esta relação é conseguida, inicialmente, através de representações ou experiências e, posteriormente, pela interação das representações e experiências, para chegar-se aos conceitos, julgamentos e raciocínios" (id., ibid.).

Seu método ressalta que, na apresentação da matéria, o professor deve fazer uso de ilustrações para tornar o ensino mais "concreto".

Se nos detivemos na transcrição de excertos do pensamento desses autores, a partir principalmente da revisão de Parra, é porque entendemos que eles estabeleceram as bases teóricas para o uso dos *audiovisuais* presentes na visão de autores internacionais que, a partir da década de 1950, começaram a publicar ou a reeditar inúmeros trabalhos a respeito desse assunto, com conseqüências diretas nas publicações e propostas didático/metodológicas dos educadores brasileiros.

2. Os *audiovisuais* no processo de ensino/aprendizagem: concepções e propostas de uso

No Brasil, a inserção dos *audiovisuais* nas relações pedagógicas corresponde principalmente às reformas do ensino básico implementadas na década de 1970, cujo modelo "tecnicista" considerava a eficiência do ensino uma decorrência do uso adequado e planejado de métodos e técnicas instrucionais. Baseada em teorias comportamentalistas da aprendizagem e em modelos sistêmicos de sociedade, tal concepção busca aplicar aos processos educacionais as técnicas de organização do trabalho típicas do modelo fordista de produção industrial.

Na verdade, essa questão começa a ganhar destaque durante a Segunda Guerra Mundial, nos Estados Unidos, quando aparece uma preocupação com a implantação e a integração dos recursos audiovisuais à prática pedagógica em razão do sucesso do uso desses meios técnicos, principalmente retroprojetores, projetores e filmes educativos, no treinamento de um grande contingente de homens e mulheres para os trabalhos de guerra. Os resultados foram extremamente positivos, especialmente na aprendizagem de línguas estrangeiras. Daí para a escola foi um passo. A descoberta do potencial desses instrumentos para a educação gerou um movimento de expansão não só das publicações e dos debates sobre o tema, mas também das pesquisas e da criação de centros destinados ao estudo e à implementação do audiovisual, além, é claro, da ampliação da produção de equipamentos com vistas a um grande mercado consumidor. Cabe lembrar que essa expansão ocorre no bojo do processo de desenvolvimento econômico do período pós-guerra, caracterizado pela crescente penetração dos modelos e práticas da produção econômica em outros campos da vida social: o industrialismo inspirava também a oferta dos serviços públicos de saúde, educação e outros, que passaram a ser organizados em bases fordistas, isto é, de modo racionalizado, planejado, em escala de massa (Belloni, 1999: 13).

Essa temática — o uso pedagógico de meios técnicos audiovisuais — começa a ser objeto de preocupação institucional em âmbito internacional em instituições como a UNESCO, que atuarão como órgãos fomentadores de estudos, projetos e consultorias para o desenvolvimento e o uso dos *audiovisuais*, em especial na América Latina (Jones,1973; Parra e Parra, 1970).

Cabe enfatizar que os *audiovisuais* sofreram muitas mudanças ao longo dos tempos, ganhando inúmeras denominações que, em maior ou menor grau, identificam a concepção de uso subjacente. Na bibliografia relativa à área, das décadas de 1970 e meados do anos 1980, aparecem várias denominações: material audiovisual, técnicas audiovisuais, recursos audiovisuais, auxiliares do ensino, recursos de ensino, meios de comunicação, técnicas pedagógicas, recursos plurissensoriais, *mass media*, recursos intuitivos. A partir da segunda metade da década de 1980 e especialmente na década seguinte, serão enfatizadas outras denominações mais amplas e mais próprias à disseminação social do avanço técnico: tecnologias educacionais, meios de comunicação educacionais, mídias, multimídia, novas tecnologias educacionais, tecnologias de informação e comunicação (TIC), embora muitos autores mantenham o termo *audiovisuais*.

Também cabe considerar uma questão de ordem geral que se constitui num pano de fundo das abordagens analisadas: a visão do papel do professor e, em conseqüência, a dimensão dos *audiovisuais* ora como "transmissores de conhecimentos", ora como "desencadeadores" de uma "aprendizagem ativa", ora como "mediadores" no processo de interação professor/aluno/conhecimento. A questão do papel do professor diante das inovações técnicas e, mais geralmente, das inovações pedagógicas é crucial para a compreensão do problema: embora a maioria dos professores tenda a rejeitar a inovação, sobretudo se ela vem revestida de meios técnicos sofisticados, há sempre uma minoria que a integra em sua prática docente, abrindo para ela as portas da escola:

É preciso insistir no fato de que os meios audiovisuais de ensino foram desenvolvidos por professores. Mesmo se, até uma época recente, este trabalho de difusão da modernidade técnico-pedagógica foi obra de um pequeno número de pioneiros (que cresce doravante regularmente), nem por isto deixa de ser sintomático. Com efeito, estes meios audiovisuais de ensino nada mais são do que os meios habituais de comunicação da massa: o rádio, o cinema e a televisão, notadamente. De certa forma, pois, os *mass media* entraram na escola sob pressão de seus [dela] próprios elementos (Porcher, 1974,p.14).

2.1. Dimensão sensorial/empirista dos *audiovisuais* — remanescente do "ensino intuitivo e realista"

O enfoque sensorial empirista perpassa a maioria das publicações estudadas, especialmente a partir da década de 1950. Há uma ênfase na idéia de que o conhecimento é decorrente de experiências concretas e diretas que apelam para os sentidos. Nesse processo, a percepção é elemento fundamental como base para a memorização, "[...] porque não há formação científica sem retenção do que se entendeu" (Norbis, 1971: 15), no sentido da aprendizagem como experiência direta e sensorial — o professor seria o elemento que oferta experiências sensoriais diversas para que o aluno, de posse dessas vivências, venha a apreender o mundo. Com base em pesquisas de instituições norte-americanas, Norbis traz dados percentuais sobre como aprendemos: 1% mediante o gosto, 2% mediante o tato, 1,5% mediante o olfato, 3,5% mediante a audição, 83% mediante a visão; e sobre o que os estudantes retêm:10% do que lêem, 20% do que escutam, 30% do que vêem, 50% do que vêem e escutam, 70% do que se diz e se discute, 90% do que se diz e logo se realiza (id., ibid.).

Esses dados são utilizados em publicações, discussões e críticas sobre o "verbalismo excessivo na escola", leia-se "fala do professor", e especialmente para justificar o uso de imagens nas aulas. É interessante observar que, com exceção de Piletti (1989), nos outros autores analisados neste trabalho há poucas referências ou menção aos dois últimos itens: a discussão e a ação como estratégias para a retenção de conceitos e como instrumentos de uma aprendizagem "ativa", com ênfase no enfoque empírico e instrumental. Sobre essa questão, Piletti afirma: "[...] o fato de não se dar a devida atenção à última parte desses dados [...] terá dado origem a uma série de confusões, levando ao mau uso como à supervalorização dos meios audiovisuais de ensino" (id., ibid.: 186).

A relação entre empírico-sensorial e abstrato/simbólico evidencia-se na classificação de recursos proposta no "cone de experiências" de Edgar Dale, que apresenta uma hierarquização que parte "do imediatamente vivencial" concreto para, por meio de várias instâncias, chegar ao "simbólico abstrato", nessa ordem: experiência direta – experiência simulada – dramatização – demonstração – excursão – exposição – televisão – cinema – discos – rádio – fotografias – símbolos visuais – símbolos verbais (apud Piletti, 1989: 152).

Na verdade, sob o rótulo *audiovisuais* é possível perceber um amálgama de técnicas e/ou materiais (cinema, TV, rádio, retroprojetor etc.) com métodos e procedimentos didáticos (exposição, excursão, dramatização etc.) que supõem estratégias pedagógicas diferenciadas.

Nessa perspectiva, podemos situar os *audiovisuais* em três categorias de materiais, de forma a possibilitar: experiência sensorial concreta e direta; experiência representativa e experiência simbólica (Kieffer e Kochran, 1959: 3). Essa visão repete-se na maioria das publicações de didática e metodologia do ensino. *A vivência empírica e as experiências com materiais concretos* e audiovisuais seriam a condição essencial para a aquisição de conceitos por parte do aluno, para levá-lo à abstração. Isso vai justificar inclusive o uso da sucata, por exemplo, exaustivamente apregoado pelas instâncias pedagógicas dos órgãos governamentais, por intermédio de cursos, propostas e publicações, como metodologia privilegiada na aprendizagem das crianças, em especial das séries iniciais. Diga-se de passagem que tal modismo "pegou" mais na escola pública, dada a carência de recursos, sem que esse uso se revestisse de um caráter técnico/pedagógico, isto é, sem que houvesse uma proposta de prática adequada (técnicas e modos específicos de selecionar, agrupar, colar, pregar etc.) desses materiais para que efetivamente se transformassem em elementos educativos, significativos para a construção do conhecimento. *A experiência representativa* do tipo dramatização, demonstração, assistir à TV apela para a capacidade de alunos e professores de "trazer de novo", ou seja, de mostrar num nível intermediário entre concreto e simbólico as vivências que não podem ser "diretamente vividas". *A simbolização* situa-se no último degrau da escala por fazer apelo aos símbolos verbais, icônicos, relegando o empírico e o "concreto" a uma posição secundária (e até desnecessária) no processo de compreensão. Essa hierarquização desconsidera que as operações mentais e a construção do conhecimento são produzidas pelo intercâmbio entre sensorial/empírico e simbólico permeadas pelo afetivo e nas interações entre os sujeitos.

O tema "percepção" vai tomar tempo de estudos dos professores e educadores cujo entendimento é a velha fórmula de que tudo o que chega ao cérebro passa antes, necessariamente, pelos sentidos. Na visão de aprendizagem como "aquisição" de conhecimentos via experiências sensoriais diretas justifica-se a afirmação: "Ouvir, ver, olhar e escutar são as formas básicas da aprendizagem. O que vemos e ouvimos tem acentuada influência sobre nosso comportamento. Como o ensino em sua expressão máxima consiste em estimular e dirigir a aprendizagem, aquilo que os educandos vêem e ouvem constitui o principal fator determinante da efetiva aquisição de conhecimentos" (Wittich e Schuller, 1964: 9).

Parece-nos importante mencionar uma definição emblemática de Parra & Parra (1970: 16): "O termo audiovisual, apesar de reconhecer e utilizar a exposição oral, os livros e outros materiais verbais, é usado de modo especial para indicar aqueles materiais de instrução e experiência que não dependem, basicamente, da leitura para transmitir mensagens e que apelam, inicialmente, para os diversos sentidos[...] alguns autores preferem chamá-los de *recursos plurissensoriais*, denominação mais exata" (grifos nossos).

Outro aspecto remanescente da concepção de educação intuitiva é a visão de "ensino próximo à realidade", mas acrescida à idéia de "modernização". Aborda-se com ênfase a necessidade de introduzir na escola as tecnologias audiovisuais e uma metodologia que privilegie a utilização de materiais concretos, primeiro como fator de aproximação com a vida real dos alunos e, portanto, de motivação para o ensino, depois como estratégia para diminuir o "atraso" educacional em relação ao desenvolvimento da tecnologia (Kieffer e Kochran, 1959; Oppedisano, 1975; Piletti, 1989; Mialaret, 1973, entre outros). Em terceiro lugar, apregoa-se a necessidade de "aproximar a escola e a vida", já que as informações obtidas pelas crianças são em sua maioria veiculadas pela televisão (Planque, 1974: 25).

Quanto a essa última questão, cabe lembrar a reflexão mais profunda proposta por Dieuzeide, um dos mais respeitados e citados estudiosos da questão:

> A mensagem audiovisual não introduz "a vida na sala de aula", porque a vida é opaca e incomunicável. A mensagem audiovisual, sem densidade concreta, portadora de "uma carga simbólica de alta tensão" (Morin), introduz na aula sinais do mundo exterior que é preciso interpretar. Não substitui a vida, antes se constituindo como sua poderosa rival (1965: 16).

Em trabalhos mais recentes, Dieuzeide propõe conceber as tecnologias de informação e comunicação como *ferramentas pedagógicas*, buscando compreender como essas técnicas podem ser colocadas a serviço das grandes finalidades da educação. Tal abordagem tem a vantagem de reforçar o papel do professor, que se apropria da técnica para colocá-la a serviço de seus objetivos pedagógicos:

> O termo ferramenta, que foi escolhido, implica a **utilização individual e responsável pelo professor**, mestre das práticas de sua aula. Por natureza, a utilização da ferramenta é inteiramente compreensível por aquele que a maneja, ao contrário da maquinaria industrial que especializa o trabalhador e automatiza os processos. A abordagem pela ferramenta coloca as NTIC numa perspectiva de atividade criativa e **de iniciativa do professor**. Sua utilização se situa no cruzamento dos caminhos de duas disciplinas irmãs (e rivais): a **pedagogia**, que se esforça para racionalizar e otimizar os processos de aprendizagem (por exemplo, o comportamento de uma classe), e a **didática**, que busca assegurar a transmissão ótima dos conhecimentos definidos pelos objetivos e conteúdos de cada disciplina (1994: 17, nossa tradução).

2.2. Os *audiovisuais* como "auxiliares" da eficiência do ensino na perspectiva tecnicista

A visão dos *audiovisuais* como "muleta" pedagógica, isto é, um auxílio no qual o professor se apóia para dar conta de transmitir seu conteúdo com a maior eficácia possível, é recorrente na maioria das publicações analisadas.

Cabe reforçar, nessa discussão, a idéia de "eficiência do ensino", pois ela é o mote que acompanha a concepção educacional vigente no Brasil na década de 1970, conforme a visão tecnicista em que prevaleceram as técnicas e os métodos de ensino sobre os conteúdos e as relações pedagógicas. Para Saviani (1989), a "pedagogia tecnicista" desenvolve-se a partir dos pressupostos da neutralidade científica e inspira-se nos princípios da racionalidade, da eficiência e da produtividade, como fatores de reordenação do processo educativo. O eixo da ação pedagógica é deslocado para "a organização racional dos meios"(p. 24). Explica-se, assim, a quantidade de publicações na década de 1970 que dão destaque ao uso dos *audiovisuais* na escola: a ênfase nos meios técnicos e nos procedimentos organizacionais (planejamento, avaliação, racionalização dos serviços) corresponde à prevalência do modelo industrial e das teorias sistêmicas nas diretrizes internacionais para as políticas públicas, inclusive as de educação. Surge uma nova disciplina — tecnologia educacional — que se pretende crucial para a formação dos educadores agora considerados em duas grandes categorias: os professores e os especialistas pedagogos, cuja função é intervir no processo de ensino no sentido de aumentar sua eficiência.

As concepções pedagógicas que informam a tecnologia educacional dos anos 1970 baseiam-se, de um lado, na psicologia behaviorista, como teoria da aprendizagem, e, de outro, na teoria de sistemas, como forma de organização. A tecnologia educacional inclui, mas é muito mais ampla, o simples uso de meios técnicos: trata-se de uma concepção do processo educativo como processo complexo que exige, para ser eficaz, o emprego de técnicas de planejamento e metodologias de ensino baseadas em estudos científicos que fundamentam ações efetivas e produtivas. A definição de tecnologia educacional mais amplamente difundida e aceita encontra-se no Manual da Academia para o Desenvolvimento da Educação (*AED Handbook*, elaborado e publicado sob os auspícios da famosa USAID — Agência norte-americana para o desenvolvimento internacional):

> Uma forma sistemática de planejar, implementar e avaliar o processo total da aprendizagem e da instrução, em termos de objetivos específicos baseados nas pesquisas sobre a aprendizagem da comunicação humana, empregando uma combinação de recursos humanos e

materiais, com o objetivo de obter uma instrução mais efetiva (Oliveira, 1977: 81)[2]. (2)

Ao lado dessa definição inequivocamente "tecnicista" difundida pela agência americana, as ponderações de Henri Dieuzeide, na época diretor da Divisão de Métodos, Materiais e Técnicas da Educação da UNESCO, deslocam o eixo da discussão do enfoque global (racionalização do processo educacional) para a incorporação das tecnologias pelo processo de ensino/aprendizagem, buscando distinguir esses dois aspectos (um organizacional e outro mais propriamente pedagógico):

> Ao que parece, a tecnologia moderna com seus métodos de organização e controle, seus sistemas de avaliação e pesquisa, efetivamente poderia fornecer às atividades educativas os princípios de organização que definiriam a relação das técnicas e métodos novos entre si e a relação destas técnicas com as instituições, conteúdos e métodos, permitindo sua transformação de dentro para fora [...] O passar da tecnologia **na** educação para a tecnologia **da** educação significa reexaminar detalhadamente os conjuntos educativos existentes, seus objetivos e os meios postos em execução para alcançá-los, antes de adotar qualquer decisão de transformar estas novas técnicas em agentes pedagógicos específicos. O pedagogo transformado em tecnólogo poderá, então, assumir, progressivamente, o papel de engenheiro da educação, encarregado de aumentar o rendimento de todo o mecanismo escolar (UNESCO, Ano Internacional de la Educación nº8, 1970, apud Oliveira, 1977: 82).

Nesse contexto, que enfatiza os meios, os *audiovisuais* aparecem como "auxiliares de ensino", "ajuda visual", auxílio "multissensorial", "materiais complementares", "auxiliares didáticos integrados ao sistema educativo" tendo em vista o processo de transmissão do conhecimento. Essa concepção fundamenta-se na idéia de que a eficiência do ensino se ancora numa adequada seleção de técnicas e instrumentos e no uso tecnicamente perfeito desses materiais

---

2. Traduções mais recentes substituem o termo "instrução" por "aprendizagem", mas utilizam e difundem a mesma definição. Ver, por exemplo, Littwin, 1997.

para despertar o interesse do aluno, promover sua atenção e dinamizar o trabalho do professor.

Os autores até aqui citados, e que se ocupam da dimensão didática dos audiovisuais, seguem mais ou menos a mesma linha de argumentação de Opedizano:

> O audiovisual [...] é um bom auxiliar para motivar e ajudar a alcançar o objetivo didático; exige maior atividade por parte do professor e do aluno; ajuda a desenvolver a observação, experimentação e atividade manual (1975: 5).

Mais adiante ele complementa:

> A utilização dos audiovisuais para suscitar o interesse dos alunos é significativa porque [...] a atividade do professor é operativa com relação à atividade tradicional; o educando obtém contactos sensoriais diretos; [eles] fomentam a curiosidade do aluno e o motivam a realizar uma atividade maior [...] contribuem para a fixação da imagem visual [...] facilitam o desenvolvimento intuitivo dos temas e conceitos [...] dão a possibilidade para efetuar uma análise melhor, uma correta interpretação do tema apresentado e oferecem *o desenvolvimento do espírito crítico* (p. 9, grifos nossos).

Quanto à expressão grifada, cabe esclarecer que esta não é uma preocupação que se expressa em todos os autores. Ela aparece em Pilleti (1989), quando afirma que os professores deverão "[...] transformar o aluno de simples espectador, de mero e passivo receptor, de elemento manipulado pela mensagem, em elemento manipulador e crítico da mensagem" (p. 156) ; em Mialaret (1975), quando questiona o papel do professor como única fonte de conhecimento e apregoa o uso da imprensa, do rádio, de exposições e documentos no sentido de "uma educação do espírito crítico" (p. 217), e em Giacomantonio (1981), quando afirma que "[...] educar para as mensagens significa sensibilizar para o problema da comunicação circular, [...] significa habituar e formar em cada pessoa um espírito crítico e sadio" (p. 20).

Há uma relação direta entre "eficiência no uso" e "eficácia de resultados" e, nessa perspectiva, a quase totalidade dos autores enfatiza aspectos técnicos dos *audiovisuais*, seja no manuseio de equipamentos, na produção de materiais, no uso adequado em sala de aula, no aproveitamento de materiais existentes ou na criação de novos. Muitos livros, na verdade, constituem-se em manuais de instruções sobre *audiovisuais* (Scuorzo, 1970; Olinger, 1973; Ferreira e Silva Jr., 1975, entre outros).

A maioria das publicações até meados dos anos 1980 trará em maior ou menor grau informações, análises, sugestões e propostas quanto aos materiais audiovisuais/pedagógicos/educativos passíveis de serem utilizados em sala de aula pelo professor: quadros (lousas), flanelógrafos, gravuras, desenhos, cartazes, mural didático, álbum seriado, mapas e gráficos, fotografias, retroprojetor, transparências, projetor de *slides*, diafilmes, diapositivos, recursos tridimensionais, gravador de fitas, discos, cinema educativo, filmadoras, filmes, máquinas de ensinar — instrução programada, televisão educativa, rádio etc.

A título de exemplo, é importante citar Scuorzo, que apregoa a necessidade de haver, na escola um "manual ambulante", isto é, um coordenador de instalações audiovisuais que pudesse auxiliar o professor a elaborar os "métodos e as representações audiovisuais necessários para uma instrução ótima" (1970: 9).

Aqui cabe ressaltar que essa questão candente — a contradição entre as funções do professor e do comunicador no espaço escolar — está longe de ter sido resolvida, como se vê na discussão sobre a **constituição do campo educação e comunicação** e nas diversas propostas de novas funções educacionais, tais como as do *educomunicador*, do tecnólogo ou do comunicador educacional, que viriam complementar o trabalho do professor num uso mais intenso das TIC na educação (Soares, 1999; Jacquinot, 1996; Belloni, neste livro).

A tecnologia educacional como disciplina teórica e campo de aplicação na prática educativa corresponde, no Brasil, a um período histórico muito específico: o regime militar e suas políticas públicas inspiradas em modelos tecnocráticos. Assim como em outros campos (a comunicação, por exemplo), o campo educacional, no decorrer dos anos 1980, produziu uma crítica sistemática às diretrizes e práticas educacionais fundamentadas nos modelos denominados "tecnicistas". Ao mesmo tempo, as práticas foram se transformando de modo mais ou menos espontâneo e descentralizado. Nesse processo de crítica e abandono dos modelos e práticas "tecnicistas", a tecnologia educacional também foi se transformando. Exemplo disso, em 1982, a ABT (Associação Brasileira de Tecnologia Educacional) faz sua autocrítica em um documento em que busca estabelecer novas bases para uma abordagem da educação que considere os aspectos técnicos e o uso de meios técnicos sem, no entanto, aquele caráter tecnicista criticado, e com perspectivas mais adequadas ao país:

> A tecnologia educacional, pois, hoje, abre o campo para o nosso estudo e reflexão. Foram-se os limites restritos da eficientização e abrem-se os campos da reflexão seja no âmbito da filosofia da educação, seja no âmbito das teorias do conhecimento e da aprendizagem, seja no âmbito dos artefatos técnicos para a prática educacional. A nossa vocação de povo está à espera de reflexões próprias e originais: Tecnologia educacional deverá ser a tecnologia a serviço da educação para o povo (Luckesi, 1982).

Com o advento das TIC, as contribuições da tecnologia educacional voltam à atualidade e vêm sendo revisitadas, já que durante o período de crítica ao tecnicismo "jogaram o bebê com a água do banho", ou seja, ao criticar o tecnicismo, foram descartados também os meios técnicos, alijando a escola dos avanços tecnológicos incríveis que ocorreram no campo da comunicação e da informação, ambos processos sociais que trabalham com a mesma "matéria-prima" da educação. Assim, nos anos 1990, vemos aparecer com força no mercado editorial traduções de obras que buscam reinventar a tecnologia educacional:

> Em nosso debate sobre a Tecnologia Educacional hoje, ganham força as preocupações ideológico-políticas e ético-filosóficas como crítica e superação da marca tecnicista no momento de seu nascimento. Na análise da disciplina, desde o ponto de vista histórico, observamos que durante muito tempo se definiu Tecnologia Educacional identificando-a com propostas tecnocráticas. Mesmo hoje em dia, costuma-se falar do modelo tecnológico quando na realidade se deveria estar falando do modelo tecnicista. É por isso que a preocupa-

ção desde o [ponto de vista] ideológico-político se torna fundamental no reconhecimento dos fins subjacentes nas diferentes propostas de Tecnologia Educacional (Litwin, 1993, apud Litwin, 1997: 13).

2.3. Visão psicopedagógica dos audiovisuais: inovação técnica ou pedagógica?

De maneira geral, os autores apresentam reflexões sobre a percepção enquanto processo fisiológico e psicológico, considerando os efeitos decorrentes do uso dos *audiovisuais* em termos de aprendizagem e comportamentos. Nesse sentido, os processos visuais e auditivos desencadeados são detalhados e aborda-se a vantagem desses materiais em relação aos métodos estáticos e verbalistas, que não teriam condição de despertar e manter o interesse das crianças. Também se enfatiza o caráter motivador desses instrumentos e métodos:

> Toda técnica humana, para ser bem utilizada, deve ser posta em relação com os fenômenos psicológicos que ela provoca; utilizar bem uma técnica pedagógica é provocar no aluno o maior número possível de reações positivas, eliminar as reações negativas ou traumatizantes[...] (Mialaret, 1973: 215).

Tal como acontece hoje, quando o meio educacional discute os efeitos que a mídia em geral e a eletrônica em particular causam na forma de aprender, conhecer, memorizar e perceber o mundo de nossos alunos e as conseqüências disso para a relação pedagógica, também nas décadas de 1950 e 1960, em especial na França, a inserção das "técnicas audiovisuais" na educação suscitou dúvidas, questionamentos e debate. Parece evidente que a relação educação/tecnologia não foi, não é e não será nunca uma relação pacífica e dada como natural. A afirmação de Dieuzeide (1965) confirma isso: "temos que admitir que a introdução das técnicas audiovisuais na escola acarretou uma alteração das situações psicopedagógicas habituais e efeitos nos diversos níveis da atividade mental" (p. 14).

Esse debate se dá em torno das diferenças de percepção e efeitos provocados pela comunicação verbal, pelas imagens estáticas em contraposição aos estímulos audiovisuais. Uma idéia recorrente nesse autor é a da alteração da percepção da realidade, uma vez que essas imagens surgem para o espectador "mais realistas do que a própria realidade" (p. 15) .

Ao conceituar as técnicas audiovisuais, Dieuzeide faz uma distinção entre elas e "as mensagens gráficas tradicionais", considerando as primeiras

> [...] um conjunto de processos de difusão mecanizada de mensagens dinâmicas, despertando naqueles a quem se dirigem uma vasta gama de reações psicológicas novas, as quais devem ser seguidas de efeitos positivos, por pequena que seja a intervenção do educador (1975: 16).

O uso das "mensagens audiovisuais" é suscetível de provocar alguns efeitos como: aumento da receptividade dos alunos, criação de novas situações perceptivas, estímulo prolongado da atividade escolar, ativação da vida mental, exercício de uma percepção simplificada e orientada; porém, é extremamente difícil perceber com clareza esses efeitos em virtude da complexidade dos processos de aprendizagem, nos quais atuam múltiplos fatores, impossíveis de isolar uns dos outros para análise.

Questão já muito complexa no tempo dos *audiovisuais*, os novos modos de perceber e aprender gerados pelas tecnologias de informação e comunicação, das quais os *audiovisuais* fazem parte, vêm preocupando, desde então, estudiosos de muitas áreas, cujas pesquisas têm revelado quão novos e surpreendentes são tais modos de aprender e o quanto se diferenciam daqueles mobilizados pelas atividades escolares convencionais (Babin, 1984; Jacquinot, 1976; Greenfield, 1988; Belloni, 1995). Uma das pistas de pesquisa mais interessantes nesse sentido é o conceito de *autodidaxia*, que busca dar conta dessa nova (?) capacidade de aprender sozinho, por ensaio e erro, interagindo com as novas máquinas inteligentes, que as crianças da era digital estão desenvolvendo (Perriault, 1996; Belloni 2001).

Embora resolutamente a favor da integração das tecnologias de informação e comunicação na educação, Dieuzeide chama a atenção, em toda a sua obra, para a complexidade da questão e a necessidade de assegurar que tal integração aconteça no bojo de uma inovação pedagógica de modo a evitar o uso apressado de "novas tecnologias com velhas pedagogias". Segundo ele, a aproximação e, logo depois, a integração de três tecnologias (audiovisual/informática/telecomunicação), que coincidem com as demandas prementes de diversificação e individualização da educação, "deveriam levar necessariamente a atribuir às TIC um lugar ao mesmo tempo mais visível e mais próximo da prática educacional" (1994: 52).

Parra (1977), ancorado nos estudos de Piaget, vai negar os *audiovisuais* enquanto meros indutores da intuição e da percepção e afirmar a idéia de que "[...] o recurso audiovisual ideal e sua metodologia correta devem desafiar o aluno a fim de que ele 'opere' sobre a informação, comparando, analisando, identificando, sintetizando os elementos da mensagem" (p. 84). Insiste na necessidade do conhecimento, por parte do professor, das etapas de desenvolvimento dos alunos, pois cada uma determina um tipo de ação e resultados diferenciados. Isso determinará as possibilidades e os limites de uso a partir das características de cada "veículo audiovisual". Em publicação anterior, o autor faz a seguinte observação:

O professor deve forçar a criança a ser ativa diante das imagens, fazendo perguntas, comentários, dirigindo a atenção, desenvolvendo a capacidade de observação e a atividade exploratória, pois, como observou Piaget, a "representação não é simplesmente, uma evocação, mas uma ação interiorizada" (Parra e Parra, 1970: 48).

Extremamente cauteloso a respeito desse assunto, Piaget lembra, referindo-se a Bergson, que a representação icônica (*imagée*) se refere aos aspectos figurativos e não aos aspectos operativos do pensamento:

> Do mesmo modo, uma pedagogia baseada na imagem, mesmo enriquecida pelo dinamismo aparente do filme, permanece inadequada à formação do construtivismo operatório, porque a inteligência não se reduz às imagens do filme: ela é muito mais comparável ao motor que assegura o desenrolar das imagens e sobretudo aos mecanismos cibernéticos que assegurariam tal desenrolar graças a uma lógica interna e a processos auto-reguladores e autocorretores (Piaget, 1969: 110, nossa tradução).

Segundo a professora argentina Beatriz Fainholc, a teoria construtivista de Piaget teria trazido muitas contribuições para a elaboração de uma "tecnologia educacional apropriada", que busca romper com estereótipos históricos e propõe resgatar os caminhos ativos, interativos, desde uma perspectiva interdisciplinar. Nesse sentido, a teoria construtivista da aprendizagem e do conhecimento contribui para um uso pedagógico mais adequado das tecnologias:

> Deste modo poder-se-ia argumentar que, na tecnologia educacional que Piaget teria pensado, ele teria percorrido o caminho ambicioso e imaginativo da convergência e da interatividade, no qual pessoas, situações e artefatos seriam molas propulsoras de processos abertos de criação e recriação da informação. Ou seja, propor opções, a compreensão, a crítica e as ações transformadoras seriam os "componentes protagônicos" independentemente de que seja uma máquina que veicule e/ou suporte a comunicação (mais ou menos mediatizada) (Fainholc, 1995).

Piaget, no entanto, tinha uma opinião não muito lisonjeira sobre os *audiovisuais*, que ele identificava com os métodos intuitivos. Segundo ele, no uso dos *audiovisuais* há uma confusão entre pensamento figurativo e pensamento operatório, e entre percepção de imagens em movimento e atividade operatória. De fato, Piaget advertia sobre o uso de meios técnicos "que reproduzem de forma maciça os erros e defeitos do ensino tradicional, que supostamente teriam vindo corrigir" (Porcher, 1974). Advertência que, feita nos anos 1960, continua cada vez mais atual, com significação potencializada pela sofisticação crescente das TIC.

Do ponto de vista do construtivismo, o uso de audiovisuais em si, como auxiliares nos métodos intuitivos, apenas serviria para reforçar a passividade do receptor diante do emissor que detém o monopólio da emissão de mensagens:

> [...] os métodos intuitivos [...] têm o defeito de favorecer no espírito uma passividade ainda maior que a dos métodos didáticos. Pois é mister um esforço intelectual para elucidar o que não parece claro à primeira vista: "Façam um esforço para seguir-me", dirá o mestre, e esta ginástica mental não deixa de ter valor. Porém, a simples intuição sensível que recai sobre objetos em geral preparados de antemão não tem sequer essa virtude. Deste modo, pode-se, durante longos minutos, fazer desfilar imagens sob os olhos dos meninos, sem que

sua atenção se concentre realmente em nenhuma delas. A ineficácia quase que total do ensino por meio do cinematógrafo, chamado educativo, é uma prova disto (Hubert, apud Parra, 1977: 34).

Também Piaget questiona o uso dos *audiovisuais* como "auxiliares" do professor ao dizer que, apesar do uso de imagens, filmes e processos audiovisuais se constituir em avanço com relação ao ensino puramente verbal, acaba por tornar-se também um verbalismo de outra espécie:

> Confrontados com os métodos ativos, os métodos intuitivos não fazem outra coisa a não ser substituir — quando esquecem o irredutível primado da atividade espontânea, e a investigação pessoal ou autônoma da verdade — o verbalismo tradicional por este outro verbalismo mais elegante e refinado (apud Parra,1977: 35).

É compreensível a contradição entre a dimensão dos *audiovisuais* como auxiliares da ação do professor no processo de transmissão de conhecimento e os ideais da pedagogia renovada que apregoa a ação do sujeito sobre o conhecimento no processo de aprendizagem. Hoje, a discussão desloca-se, mas não perde essas referências, uma vez que os instrumentos mudam (computador, internet, *games* etc.) mas o pano de fundo permanece o mesmo: o aluno só aprenderá se estiver diretamente envolvido na construção desse conhecimento e suas oportunidades de aprender serão tanto melhores quanto maior for seu acesso a todos os meios técnicos disponíveis na sociedade. É condição de educação de boa qualidade, voltada à formação plena do indivíduo, a integração das tecnologias nos processos educacionais, a partir de uma perspectiva integradora que considere a dupla dimensão dessa integração (objeto de estudo e ferramenta pedagógica) e as duas faces da comunicação: a ética e a estética (Belloni, 2001: cap.3).

3. Multimídia: a linguagem das máquinas interativas

3.1. Dimensão comunicacional dos audiovisuais

O uso dos *audiovisuais* como condição para uma boa comunicação pedagógica vai enfocar a questão dos elementos fundamentais da comunicação social: emissor, receptor e meio. O último elemento é situado como o mediador entre os outros e condição essencial para que as mensagens sejam recebidas adequadamente pelo receptor. Somada aos aspectos já abordados — técnico/auxiliar/instrumental, psicopedagógico, sensorial —, essa dimensão aponta em duas direções. A primeira encara o ensino como um processo comunicacional unidirecional, transmissor, em que os meios entrariam como elementos facilitadores do processo e eliminariam os bloqueios resultantes de falhas da comunicação, em especial o verbalismo excessivo (Parra e Parra,1970; Wittch e Schuller, 1964).

Wittch e Schuller afirmam que o papel do professor é o de assegurar a criação de condições para a comunicação em sala de aula, uma vez que os alunos estão submetidos à influência das técnicas de comunicação de massa e são o resultado dessa vivência. Essa percepção apresentará a necessidade de se enriquecer e efetivar a comunicação pedagógica por meio do planejamento do uso de materiais audiovisuais. Assim, apontam para o emprego de meios combinados — o que hoje denominaríamos multimídia: "O ideal é utilizar uma combinação de recursos audiovisuais que se reforcem mutuamente, a fim de se obter o maior rendimento possível, de maneira que os alunos adquiram o perfeito domínio de conceitos e conhecimentos" (p. 31).

Na segunda direção, Giacomantonio (1981) vai encarar a educação não como mera "acumulação conceitual e mecânica de dados e conhecimentos"(p. 31), mas como possibilidade de aprendizagem de capacidades "que permitem aperfeiçoar de forma dinâmica nosso modo de viver" (id., ibid.) . A estratégia fundamental nesse processo seria a comunicação, por meio do uso de instrumentos audiovisuais, em especial a televisão, mas com o cuidado de educar para a decodificação das mensagens e para a comunicação circular, não unidirecional.

Dieuzeide (1965) discute a possibilidade de otimizar as mensagens educacionais pelo uso dos *audiovisuais*, afirmando que, com esse uso:

> [...] fica reduzido o papel do professor na transmissão do saber. As máquinas têm por função levar ao aluno uma mensagem elaborada de maneira tal que constitui uma parte essencial do ato pedagógico.

E a ação de integração é, aqui, uma ação de organização, de previsão e de escolha (p.75).

A grande novidade dos anos 1990, com a disseminação do computador pessoal, caseiro, e da incrível rede telemática Internet, é uma nova forma de interação dos seres humanos possibilitada pela interatividade, característica técnica dessas tecnologias de informação e comunicação. O caráter interativo de muitos produtos (em sua maioria programas informáticos) postos à disposição dos usuários na "rede" e em outros suportes (CD-Roms, TV) vai gerar novos modos de comunicação, adequados aos novos suportes. Esses novos modos são extremamente variados e incluem desde CD-Roms de consulta (enciclopédia, por exemplo) até jogos sofisticados, e sobre eles os pedagogos e psicólogos sabem muito pouco. Por isso, todo cuidado é pouco nas afirmações sobre o tema: como integrar de modo apropriado as NTIC na educação? Essa é uma indagação à qual nós educadores não sabemos ainda responder.

3.2. Tecnologias na educação hoje: possibilidades e limites

Do mesmo modo que a tecnologia educacional no início da década, a questão dos *audiovisuais* também sofre, a partir do final da década de 1980, uma revisão conceitual que se refletirá na terminologia: "técnicas" e "recursos audiovisuais" vão sendo substituídos por "mídias", "meios de comunicação" e "tecnologias educacionais", embora em muitas publicações essas expressões confundam-se.

Fusari (1996), integrando pedagogia e arte-educação na reflexão sobre o uso pedagógico dos meios de comunicação, contribuiu significativamente para o avanço dessa reflexão ao enfatizar os aspectos comunicacionais do ato de ensinar. Para essa saudosa educadora, recentemente desaparecida, o caráter técnico/instrumental presente nas concepções iniciais dos *audiovisuais* passa a ser substituído, nos anos 1990, pela idéia de que esses materiais possuem um *caráter comunicacional inerente* e permitem aos sujeitos a *produção* da comunicação, portanto não se qualificam como meros auxiliares.

Na visão tecnicista, que considera esses materiais "muletas pedagógicas", escamoteia-se o fato de que eles são carregados de historicidade, são fontes de emoção, de idéias e de conhecimentos e que estão colocados na trama comunicacional — desencadeada no ato pedagógico — como mediadores no processo de produção dessa comunicação que envolve professores e alunos. Portanto, para além da simples transferência de informação, a relação estabelecida é a de elaboração e transformação de idéias, sentimentos, atitudes e sentidos entre esses sujeitos, com o uso dos *objetos midiáticos* ou *múltiplas mídias articuladas* (Fusari, 1996: 7).

Nos anos 1990, a difusão da informática e sua associação com a telemática trarão desafios ainda mais complexos para a sociedade como um todo e para os sistemas educacionais e comunicacionais em especial. Com prestígio acadêmico muito maior do que a televisão (desprezada pelos educadores por seu caráter de meio de entretenimento maciço), o computador veio desequilibrar definitivamente as relações pedagógicas, exigindo um repensar de todo o processo e de todos os sistemas.

Em sua tese sobre os *audiovisuais* nas universidades brasileiras, Pretto (1996) defende a idéia das "novas tecnologias da comunicação como *fundamento* da educação e não apenas como *instrumentalidade*", o que significa considerar a cultura audiovisual dos alunos e transformar os instrumentos técnicos em fundamentos de uma relação pedagógica que considere o conteúdo intrínseco desses materiais e suas possibilidades como produtores de criação, emoção e conhecimento. Acreditamos, no entanto, que o fundamento da educação deva ser a pesquisa, o desenvolvimento do espírito científico e da ética, e que os artefatos técnicos devam ser meios — e não fundamento — para a realização de um processo educativo pleno. Ou seja, ao colocar a tecnologia no centro de uma nova pedagogia, corre-se "o risco de vir a submetê-la à lógica instrumental da produção industrial" (Belloni, 1998: 156).

É interessante notar que o enfoque sensorial permanece, embora numa outra dimensão, como que potencializada pelas mídias: a visão de que a sociedade em que vivemos — da tecnologia avançada, da eletrônica, da imagem, da "terceira onda" (Toffler) — faz surgir novas percepções sensoriais e que isso vai gerar, em especial nos jovens, outra sensibilidade para a apreensão do mundo, das relações, das coisas e dos conhecimentos. Babin (1989) fala em "geração audiovisual", que exigiria da escola uma educação em "estéreo", isto é, em diversos canais (contrapondo-se à idéia de "mono", um só canal). Isso significa que a educação considere os diversos sentidos e as diferentes experiências dos jovens como fontes de conhecimento e os integre num processo de aprendizagem ativa, em que o sujeito seja o autor de seu próprio processo de saber. Embora com inspiração construtivista, revisita-se o tecnicismo e retoma-se a idéia da aprendizagem por experiência e do "aprender a aprender" da Escola Renovada e do ensino intuitivo/sensorial/realista, obviamente com outro significado.

Nesse mesmo movimento de re-significar a técnica e suas aplicações pedagógicas, Morán enfatiza a dimensão sensorial como condição para o conhecimento:

Os caminhos para o conhecimento são múltiplos, mas seguem uma trilha básica semelhante: partem do concreto, do sensível, do analógico na direção conceitual, do abstrato [...] O conhecimento integrado depende cada vez mais da *valorização do sensorial* (1994: 41, grifos do autor).

As discussões no meio acadêmico — no campo da educação — a partir de meados da década de 1980 em especial questionam essa visão direta sentidos>conhecimento por entender que ela desconsidera as interveniências dos fatores culturais, ideológicos, sociopolíticos e econômicos, produtores de formas de sentir e perceber o mundo e seus siginificados e, conseqüentemente, de modos de pensar e de conhecer. É a compreensão da dimensão de ensinar/aprender como um ato político que envolve os sujeitos do conhecimento como seres situados historicamente numa sociedade em particular — capitalista e de classes. Tal compreensão opõe-se ao deslumbramento tecnicista, que enxerga na inteligência artificial o caminho de superação das imperfeições humanas.

Nessa sociedade, os aparatos tecnológicos têm se constituído em novos meios de comunicação que mobilizam novos modos perceptivos e reorganizadores da prática cotidiana e da experiência social. Computadores, *videogames*, telefones celulares, TV a cabo e toda a parafernália técnica que nos cerca e nos constitui vão transformando rapidamente as estruturas simbólicas e os sistemas de significação. Nesse meio ambiente novíssimo (ecologia cognitiva? ciberespaço? cibercultura? sociedade da informação? da imagem? do saber?), a escola aparece como um lugar estranho com sua fixação na oralidade e nos meios impressos. Esse é um problema antigo, como vimos, vem desde Comênio e, em decorrência, ao longo dos tempos, foi se afirmando a idéia de que os instrumentos e materiais têm o poder de "inovar", "renovar", "modernizar" enfim, adequar a sala de aula aos avanços da técnica e da ciência. No entanto, permanecem inalteradas questões de fundo ainda não suficientemente discutidas relacionadas a uma adequada política de redistribuição da riqueza social, pela difusão do saber a todas as pessoas, em especial às mais pobres, com todas as tecnologias disponíveis na sociedade.

Evidentemente, por trás da discussão do uso pedagógico de *audiovisuais*, tecnologias de informação e comunicação ou mídias, está determinada concepção de relação ensino/aprendizagem fundamentada em duas idéias que hoje se estabelecem hegemonicamente no discurso educacional. Uma é a de "interatividade", oriunda da relação "amigável" proposta pelas interfaces icônicas dos computadores e pelas possibilidades trazidas com a Internet e com os jogos interativos que facilitam o diálogo entre pessoas, mediados pela máquina e com a própria máquina e seus robôs virtuais. Outra é a de autonomia do aprendente, que seria decorrente do uso dessas mesmas tecnologias que permitem a busca do conhecimento numa rede de dimensões universais, retirando da escola o predomínio no processo de socialização, tanto na transmissão do saber como na formação ética.

Essa concepção, em que pesem seus aspectos progressistas, como retirar o professor do centro do processo e pregar a autonomia do aprendente, de fato situa a técnica no centro do processo de ensino, como principal fator de mudança, isto é, de inovação. Mais uma vez, corremos o risco de confundir inovação técnica com inovação pedagógica (Hernandez, 1998).

Para além desta ou daquela corrente pedagógica e para dimensionar adequadamente a questão, é importante entender que a relação ensino/aprendizagem deve se constituir numa inter-relação entre sujeitos (professor-alunos, alunos-alunos), que pode ser mediada ou não pelas mídias ou tecnologias, em busca da autonomia na produção de conhecimentos que tenham significado social. Nesse sentido, é preciso não só radicalizar a democratização do acesso a esses materiais, mas também promover a apropriação criativa dessas máquinas, de forma a permitir que o cidadão do novo milênio se torne um usuário criativo dos artefatos tecnológicos e não seja dominado por eles.

Cabe lembrar que a educação é há muito tempo uma instituição social importante, enquanto os meios de informação e comunicação de massa, instituições bem mais recentes, já conquistaram os "corações e mentes" das novas gerações, fazendo aparecer novos modos de perceber e de estar na vida, isto é, de ser. Novas linguagens mais "audiovisuais" e novas formas verbais vêm enriquecer e modelar o universo infanto-juvenil. Só a instituição escolar, presa em suas certezas e precariedades, não consegue integrar em seu cotidiano essas novas formas de comunicação, típicas da escola paralela.

Bibliografia

BABIN, P., KOULOUMDJIAN, K. (1989), *Os novos modos de comprender*. São Paulo, Paulinas.

BELLONI, M. L. (2001), *O que é mídia-educação*. Campinas, Autores Associados.

__________ (1999), *Educação a distância*. Campinas, Autores Associados.

CHAUI, Marilena de Souza. *Ideologia e educação*. Texto de conferência realizada na FE, UNICAMP, em 1979.

COMÊNIO (1957), *Didática Magna*. Porto, Fundação Calouste Gulbekian, 3ª ed.

DIEUZEIDE, Henri (1965), *As técnicas audiovisuais no ensino*. Publicações Europa-América.

__________ (1994), *Les nouvelles technologies*.Paris, Nathan/UNESCO.

FAINHOLC, B. (1995), Los aportes que hubiera dado Jean Piaget si se hubiera ocupado de la tecnologia educativa, *RED* nº 11.

FERREIRA, O. Manuel de Castro, SILVA JR. Plinio dias (1975), *Recursos audiovisuais para o ensino*. São Paulo, E.P.Ú.

FERRÉS, Joan (1996), *Vídeo e educação*. Porto Alegre, Artes Médicas, 2ª ed.

FUSARI, Maria F. Rezende (1996), *TV, Recepção e comunicação na formação inicial de professores em cursos de Pedagogia*. VIII ENDIPE, Florianópolis.

GIACOMANTONIO, Marcelo (1981), *O ensino através dos audiovisuais*. São Paulo, Summus.

HERNÁNDEZ et al. (1998), *Aprendendo com as inovações na escola*. Porto Alegre, Artmed.

JONES, R. Kent (1973), *Métodos didácticos audiovisuales*. México, Editorial Pax-México.

KIEFFER Robert E., COCHRAN, Lee W. (1959), *Manual of audio-visual techniques*. NewYork, MacGraw-Hill , 2ª ed.

LEFRANC, Robert et al. (1969), *Las técnicas audiovisuales — al servicio de la enseñanza*. Buenos Aires, Libreria "El Ateneo".

LITWIN, Edith (org.) (1997), *Tecnologia educacional*. Porto Alegre, Artes Médicas.

LUCKESI, C. (1982), Independência e inovação em tecnologia educacional, *Tecnologia Educacional* nº 47.

MIALARET, G. (1973), *Psicopedagogia dos meios audiovisuais no ensino de primeiro grau*. Petrópolis, Vozes.

MORAN, J. Manuel (1994), Interferências dos meios de comunicação no nosso conhecimento, *INTERCOM — Revista Brasileira de Comunicação* v. XVII, nº 2 (jul./dez.), 38-49, São Paulo.

NORBIS, G. (1971), *Didática y estructura de los medios audiovisuales*. Buenos Aires, Kapelusz.

OLIVEIRA, J. B. A.(org.) (1977), *Perspectivas da tecnologia educacional*. São Paulo, Pioneira.

OPPEDISANO, Roque (1975), *Guia a la realización audiovisual para la escuela*. Roma, Instituto Italo-Latino Americano.

PARRA, N., PARRA, Ivone C. (1970), *Técnicas audiovisuais de educação*. São Paulo, Edibell, 2ª ed.

PARRA, Nélio (1977), *Metodologia dos recursos audiovisuais*. São Paulo, Saraiva.

PIAGET, Jean (1988), *Para onde vai a educação?* Rio de Janeiro, José Olympio, 10ªed.

__________ (1969), *Psychologie et pédagogie*. Paris, Denoël-Gonthier.

PILETTI, Claudino (1989), *Didática geral*. São Paulo, Ática, 10ª ed.

PLANQUE, Bernard (1974), *Técnicas audiovisuais de ensino. Um guia prático para os professores e os educadores*. São Paulo, Loyola.

PORCHER, Louis (1974), *L'École parallèle*. Paris, Larousse.

PRETTO, Nelson de Luca (1996), *Uma escola sem/com futuro — Educação e multimídia*. Campinas, Papirus.

SAVIANI, Dermeval (1989), *Escola e democracia*. São Paulo, Cortez, 21ª ed.

SCUORZO, Herbert E. (1970), *Manual práctico de medios audiovisuales*. Buenos Aires, Kapelusz.

VALDEMARIN, V. T. (1998), O conhecimento do mundo: um estudo sobre concepções epistemológicas, *Filosofia e Educação — Perspectiva* ano 16, nº 29 (jan./jun.), Florianópolis.

WITTICH, W. Arno, SCHULLER, C. Francis (1964), *Recursos audiovisuais na escola*. Rio de Janeiro, Fundo de Cultura.

Mídia, cidadania e consumo: estamos formando consumidores ou cidadãos?

MARIA ELISABETH GOIDANICH

O cenário

1. O que significa ser cidadão? Ajudar uma velhinha a atravessar a rua ou fazer uma boa ação, como indica o Manual do Escoteiro Mirim, é a primeira resposta que recebo ao dirigir essa pergunta a um grupo de jovens de classe média alta de Florianópolis. Logo em seguida vem a resposta pronta: exercer direitos e deveres. Mas que direitos são esses, onde se busca a defesa dos direitos? "0800", responde um jovem, numa referência clara aos serviços de atendimento ao consumidor das empresas. E os deveres? Votar, pagar impostos. Mas, como o grupo ainda não vota e não paga impostos, fica difícil falar dos deveres.

2. Ligo a televisão e sou bombardeada por mensagens publicitárias que querem persuadir os cidadãos à solidariedade: seja um amigo da escola, doe sangue, trate o portador de deficiência sem preconceito, seja um voluntário em ação.

3. Bancas de apresentação de projetos experimentais de propaganda num curso de comunicação (alunos com idade em torno de 20 anos): grande parte dos projetos apresentam temáticas sociais — diminuir o número de acidentes de trânsito, ensinar leis de trânsito para as crianças, lutar contra o trabalho infantil, "escola sim, es-

mola não", tratar o portador de deficiência sem preconceitos, angariar fundos para entidades beneficentes, conscientizar.

Ao escolher o tema mídia, cidadania e consumo para este artigo, estava preocupada com as dificuldades que os cidadãos enfrentam para compreender e exercer a cidadania hoje em dia. Perguntava-me, também, sobre o papel da mídia nesse processo e tentava entender a transferência dos direitos do cidadão para os direitos do consumidor, sobre o que tanto se tem discutido e lido em fontes das mais variadas.

Há um consenso entre autores e pesquisadores da atualidade sobre o papel da mídia como formadora das identidades e como poder determinante dos comportamentos e atitudes dos cidadãos em suas vidas públicas e privadas. Uma teia complexa de relações entre indivíduos, sociedade e mundo, desenhada pela globalização, se estabelece e torna difícil, para todos, a compreensão da cidadania.

Diversas são as possibilidades de análise do período que vivemos, seja ele designado por pós-modernidade, modernidade tardia ou pelo nome que dermos, mas em todas encontramos o descentramento e a fragmentação relativos às identidades, às nações, à sociedade etc. Ou seja, fragmentação e descentramento são as características desse período que se estendem ao exercício da cidadania.

Com isso, encontramo-nos em uma situação complicada, pois não mais há uma unidade de luta, de expectativas e de perspectiva. Cada vez mais abrimos espaço para que os poderes hegemônicos se estabeleçam — "uma concentração hermética das decisões em elites tecnológico-econômicas que gera um novo regime de exclusão das maiorias incorporadas como clientes" (Canclini, 1999: 53) —, determinando nossas vidas, nossos gostos e nosso sentido de pertencimento.

Qualquer ser humano precisa ter a sensação de pertencer, mas, neste início de século, pertencer representa muito mais do que uma característica familiar ou territorial, passando a ser múltiplo e transnacional, representado pelos bens que consumimos, por nossas preferências e nossos estilos de vida. Isto é, encontramos nossas identidades mais como consumidores globais do que como cidadãos locais.

Como afirma Hall (1992: 74), "os fluxos culturais, entre as nações e o consumismo global criam possibilidades de 'identidades partilhadas' — como 'consumidores' para os mesmos bens, 'clientes' para os mesmos serviços, 'públicos' para as mesmas mensagens e imagens — entre pessoas que estão bem distantes umas das outras no espaço e no tempo".

Então, como exercer a cidadania numa esfera em que os interesses locais dão lugar aos pertencimentos globalizados?

> Em contraste com a noção jurídica de cidadania, que os Estados tentam delimitar sobre as base de uma "mesmice", desenvolvem-se formas heterogêneas de pertencimento, cujas redes se entrelaçam com as do consumo (Canclini, 1999: 61).

Canclini (ibid.: 55) defende a idéia de que ao consumir "estamos fazendo algo que sustenta, nutre e, até certo ponto, constitui uma nova maneira de ser cidadãos".

De acordo com Giddens (1991: 83), a sociedade pós-moderna ou da modernidade tardia está calcada em relações de confiança, sem as quais os sujeitos não poderiam garantir sua segurança. Isto é, como perdemos o controle sobre os modos de produção, não nos resta mais do que confiar nos sistemas especialistas para a realização das tarefas de que necessitamos. Isso leva o sujeito pós-moderno a correr riscos previsíveis e, simplesmente, confiar. Confiar nos serviços que consome, nos produtos que adquire.

Essa confiança está mais vinculada ao consumo que à política, pois sobre o consumo exercemos aparentemente uma liberdade de escolha e podemos ter a ilusão de um controle sobre nossas satisfações ou insatisfações. Já do ponto de vista político, liberdade de escolha é algo muito complexo para o simples cidadão, e o controle sobre a satisfação ou a insatisfação parece nulo.

A opacidade da política e a falta de confiança nos sistemas abstratos que ela representa podem levar os indivíduos a agir em ambientes conhecidos — consumo. Dessa forma, sua confiança e sua auto-segurança — "sei o que quero, o que estou comprando e exijo receber" — levam-nos a exercer seus direitos — cidadania. O terreno é mais seguro.

O consumo, então, cumpre um papel preponderante como construtor de nossas identidades e espaço onde exercemos nossos direitos de cidadãos. Baseada nos meios de comunicação de massa, tal revolução pode ser entendida por esta posição defendida por Canclini:

> Desiludido com as burocracias estatais, partidárias e sindicais, o público recorre à rádio e à televisão para conseguir o que as instituições cidadãs não proporcionam: serviços, justiça, reparações ou simples atenção (1995: 50).

A mídia, assim, substitui o Estado no exercício do poder público e privado, principalmente quando assume para si a função de educação e disseminação de valores.

Tal poder, percebido pelos indivíduos, repassa aos meios de comunicação a responsabilidade de mediar interesses e até de interferir nos processos decisórios, bem como de manter o equilíbrio da sociedade de acordo com as expectativas e necessidades dos que detêm o poder econômico mundial. O poder político, desacreditado pela sociedade, é substituído pela mídia. Como diz Canclini (1999: 37):

> Homens e mulheres percebem que muitas das perguntas próprias dos cidadãos — a que lugar pertenço e que direitos isso me dá, como posso me informar, quem representa meus interesses — recebem sua resposta mais através do consumo privado de bens e dos meios de comunicação de massa do que nas regras abstratas da democracia ou pela participação coletiva em espaços públicos.

Durante o século XX, foi entre os jovens que as manifestações e os anseios por mudanças políticas e sociais apareceram e ganharam repercussão. Nesse cenário de globalização e consumo, como fica a juventude então? Que percepções sobre cidadania e mídia e que comportamentos apresentam os jovens deste início de século XXI?

Essas questões se tornam de suma importância, pois, como indicam os estudos relatados por Belloni (2001: 31), "os jovens, em sua maioria, consideram que aprenderam algo importante e sério pela televisão. Para eles, a telinha tem uma legitimidade, como fonte de saber, semelhante à escola".

Entretanto, devemos levar em consideração as grandes transformações tecnológicas que estão acontecendo na comunicação. Televisão por assinatura e internet mudam o cenário da relação dos jovens, pelo menos dos que têm acesso a essas tecnologias, com a informação. São essas novas tecnologias que aceleram o processo de descentramento e fragmentação. A aceleração das mudanças tecnológicas também provoca uma aceleração nas mudanças individuais. Para alguns autores, essas novas tecnologias são redentoras e democráticas, porém se esquecem de que isso só se aplicaria aos que têm acesso a elas. Para outros, as tecnologias representam uma forma de continuidade dos poderes hegemônicos, pois a possibilidade de o indivíduo encontrar sua identidade na rede, isto é, globalizada, faz que as relações de socialização locais fiquem em segundo plano.

De qualquer forma, essas transformações tecnológicas vêm contribuir para a grande confusão que o ser humano vive em relação a seu papel como cidadão, e o que importa, aqui, é reconhecer as mudanças na mídia e na juventude e, considerar, como diz Buckingham (2000: 57), que "uma resposta efetiva e positiva a essas mudanças só será possível se entendermos sua complexidade e suas contradições potenciais. Simplesmente culpar a mídia, ou celebrá-la, seria superestimar o seu poder e subestimar as diferentes maneiras com as quais as crianças criam seus próprios sentidos e prazeres".

O ingresso de crianças e jovens no mercado de consumo, na medida em que têm o poder de decisão de compra e cada vez mais dinheiro é investido neles, representa, por um lado, uma forma de exploração comercial da infância e, por outro, uma libertação, tendo em vista que esses jovens e crianças podem, agora, decidir sobre seus desejos e necessidades. Ou seja, são reconhecidos como consumidores. Entretanto, segundo Buckingham (2000: 169), "é só ao final legal ou biológico da infância que [a sociedade] considera o início da maturidade política", isto é, crianças e jovens não são reconhecidos como cidadãos. Política não é assunto deles. Assim, sentem-se excluídos dos processos políticos e do efetivo exercício da cidadania. Então, antes de acusar a juventude de conformismo ou adaptação, é preciso considerar a perspectiva colocada acima. Se os jovens não são considerados aptos para entender a política, como eles vão se incluir no processo?

Buckingham (2000) constatou em seus estudos que os jovens não consideram políticas suas reivindicações e ações do dia-a-dia.

Isso se deve, entre outras coisas, ao fato de que política, para eles, é vinculada a complexas redes de interesses e corrupção. De certa forma, essa visão é resultado do tratamento dado pelos meios de comunicação às questões políticas, que leva a um entendimento fragmentado e complexo, dificultando o aprendizado e a tomada de posições. A mídia espetaculariza ao mesmo tempo em que desqualifica a política.

A subordinação da ação política pela mídia está reduzindo a importância dos partidos, dos sindicatos, das greves, das manifestações públicas e de massa, enfim, das instâncias em que as negociações podem ser efetuadas (Canclini, 1999: 248).

Política, então, torna-se um tema cada vez mais distante do cotidiano. Sendo assim, é necessário oferecer aos jovens o preparo para o enfrentamento da vida política, de forma que possam perceber em suas ações do dia-a-dia as vinculações cidadãs.

Duas são as instâncias, além da família, que podem cumprir essa missão: a mídia e a escola. Porém, "é ilusório pensar que a mídia triunfante e poderosa irá renunciar a seu poder e se adaptar aos objetivos da escola" (UNESCO, 1984, apud Belloni, 1991: 41). Cabe então à escola educar e orientar os jovens para o exercício da cidadania, no que diz respeito à abertura para a discussão e a apropriação das mensagens midiáticas e das relações que ali mesmo se estabelecem, já que representa um espaço privilegiado de participação coletiva, onde é possível desenvolver a consciência crítica e o espírito cidadão.

A educação para a cidadania significa, neste contexto, resgatar os ideais de democratização do conhecimento e da informação como instrumentos de emancipação (Belloni, 2001: 47).

A pesquisa

Para subsidiar estas reflexões, foi realizado um estudo exploratório[1] junto a jovens da faixa etária entre 16 e 18 anos, de classe média alta, estudantes do terceiro ano do ensino médio da Escola Ilha/Tendência, da cidade de Florianópolis.

---

1 Este estudo foi realizado com o fim de buscar subsídios para a construção de questionário a ser aplicado em pesquisa para elaboração de dissertação de mestrado. Os grupos de discussão aconteceram no mês de maio de 2001.

É importante levar em consideração que esse grupo não pode ser considerado totalmente representativo, tendo em vista seu perfil socioeconômico e as características da escola onde estuda. A escolha deu-se em função do momento específico que o grupo estava vivendo. Havia um conflito de interesses entre o grupo e entre grupo e professores. Os alunos queixavam-se do excesso de conversa em sala de aula (conflito entre o grupo) e do tratamento impessoal dos professores, em sua maioria professores de cursos pré-vestibulares, que orientavam as aulas no sentido de "passar no vestibular". Observou-se que, mesmo sendo alunos de escola particular, em nenhum momento o grupo usou como argumento para resolver a crise o fato de estarem pagando pelo ensino, o que é muito comum em escolas privadas. Os alunos organizaram-se em comissão, listaram suas reivindicações e levaram-nas para negociação com os professores. Na verdade, viviam um momento de exercício de cidadania, embora não tivessem conhecimento disso.

Como já foi visto, Buckingham (2000), em suas pesquisas, identificou que os adolescentes britânicos e norte-americanos não julgam que suas "lutas" sejam ações políticas, isto é, para eles, a política é uma atividade complexa e não é da competência dos que ainda não têm idade para votar. Buckingham levanta, ainda, a possibilidade de que a falta de interesse dos jovens por notícias sérias a respeito do tema — leitura de jornais e programas noticiosos de televisão — não seja simplesmente uma alienação e sim a resposta que dão à sua exclusão do sistema político. Justamente aí surge o interesse em investigar esse grupo. Será que no Brasil, entre jovens de classe média alta que parecem ter alguma consciência política/cidadã, isso também acontece? O que os meios de comunicação representam para esses jovens?

O trabalho de investigação foi realizado em dois encontros com o mesmo grupo, formado por, aproximadamente, dez jovens. Para cada encontro foi definido um tema a ser discutido.

No primeiro encontro, a discussão girou em torno dos meios de comunicação, suas funções, as relações que os participantes do grupo estabeleciam com os meios — consciência sobre a influência dos meios em suas vidas e em seus comportamentos — e como o grupo identificava seu papel diante dos meios de comunicação — ativos ou passivos.

No segundo, o tema foi cidadania. A discussão partiu do entendimento do tema. Buscou-se identificar as percepções do grupo sobre como e se a cidadania acontecia em seu dia-a-dia. Um dos objetivos foi investigar a transferência da cidadania — direitos do cidadão — para o consumo — direitos do consumidor.

Os resultados encontrados vêm confirmar o que já se falou sobre o papel da mídia na formação das identidades, sobre a transferência da cidadania política para a cidadania do consumo e sobre a falta de confiança dos cidadãos e dos jovens nos sistemas políticos em geral. Mas tais constatações preocupam, pois o que de mais forte surgiu no grupo foi um enorme desânimo com o futuro.

Meios de comunicação e cidadania — interesses e acomodação

Chama a atenção na postura dos jovens entrevistados a posição crítica que apresentam diante dos meios de comunicação. São capazes de identificar a manipulação e os interesses por trás dos programas e notícias da televisão, dos jornais e das revistas. O poder, no sentido de dominação do espaço público e privado, que os meios exercem está claro e, segundo eles, tal poder não está a serviço da população, mas a serviço dos opacos interesses econômicos e políticos. Como explicitam estas falas:

> O Roberto Marinho... ele começou, ele conseguiu a concessão do canal através de aliança com o governo, agora o governo volta e pede ajuda pra ele. Então ele tem completamente o poder no Brasil. Ele manda.
>
> A *Veja* é uma revista que informa, mas também a *Veja*, por trás, ela tenta, assim... forma uma opinião que tu não pode seguir. A *Veja* tu só pode pegar a informação, o resto é teu, porque ela tenta te formar também.
>
> A *Folha* é um pouco, assim, governista. A forma como eles abordam as coisas, por trás tem uma segunda intenção.
>
> Ah, todos têm!

A princípio, consideram-se *experts* ou naturalmente letrados para a leitura crítica dos meios; mesmo assim, nos momentos em que os truques da mídia eram desvendados por algum dos participantes, o silêncio do grupo denunciava a frustração de se perceberem manipulados.

Esses estudantes reconhecem o fato de serem privilegiados por sua posição socioeconômica, seu acesso à informação e sua formação. Acreditam que a manipulação dos meios de comunicação, principalmente da televisão aberta, é dirigida às classes populares. Esse privilégio, assim como sua pouca idade, justificam o fato de permanecerem à margem dos problemas da sociedade.

A cidadania ainda é um assunto distante da vida deles. Para esses jovens, cidadania é respeitar leis, cumprir deveres e ter direitos, mas, principalmente, é aquilo que se faz com o voto. Ser cidadão é ter opinião formada e votar. Reconhecem que para ter opinião formada é necessário ter informação e que esta deve ser buscada, isto é, há que empreender um esforço para encontrar, já que a oferta de informação dos meios de comunicação é parcial e tendenciosa. Os jovens, então, percebem a acomodação geral da sociedade, que se estende da busca de informações até a tomada de atitudes coerentes com relação aos assuntos referentes à comunidade. Explicam:

> São todos cúmplices. O pobre não tem informação, é manipulado e vota através de ganhar comida e material de construção. O rico vota, vai lá, faz parceria, patrocina campanha de político em troca de isenção de imposto ou desconto. É um jogo de cumplicidade.
>
> E a classe média que tem os pés dos dois lados é acomodada. Vê o rico não pagando imposto e vê o pobre ganhando leitinho, como ele não precisa, ele paga os impostos dele normal, só pra ele é confortável ficar na posição do meio.

É possível identificar no grupo, quando o assunto é cidadania, três posturas bem diferentes: os que buscam informações e acreditam em ações coletivas para melhorar as condições de vida da sociedade:

> A gente sabe o que acontece, mas não tem um meio concreto pra chegar lá e resolver. Eu acho que se tivesse um centro comunitário bem democrático, se a gente chegasse lá com um pouquinho de informação, ia começar a juntar, eles iam trabalhar naquilo, ia ter uma coisa

concreta e a informação ia passando, depois no final toda a comunidade ia ter uma coisa concreta e ia ter o que fazer na comunidade.

Os que buscam informações e acreditam que se cada um fizer sua parte sendo honesto e conversando com pais e amigos já estará fazendo a diferença:

> A indignação não precisa ser coletiva, se cada um se indignar pessoalmente vai mudar pouca coisa, mas já é válido, mas se isso começar em cadeia, se as pessoas começarem, todo mundo realmente se indignar com o país, o país mudaria. O problema é que alguns se indignam e não conseguem achar os meios, a maioria é acomodada de verdade. Sabe que tá errado, mas não passa a informação para a frente.

E aqueles que se assumem acomodados, mostram-se constrangidos, mas justificam sua posição da seguinte forma:

> É porque, na realidade, como a gente é jovem, de classe média, a gente tem tudo o que a gente precisa. Tem pai e mãe que pagam a escola, tem pai e mãe que pagam a roupa, que pagam comida e tal. Por enquanto, como está tudo muito bom pra gente, a gente não se liga do que tem pra fazer, entendeu. Quando a gente for mais velho, quando tiver que pagar imposto é que a gente vai ver que tem corrupto, que tem isso, que tem aquilo. Aí a gente vai começar a tomar uma posição e ver o que é bom e o que não é.

Enquanto os dois grupos que acreditam em mudanças apostam na informação como fundamental para que haja consciência e como força motriz da formação de opinião e da tomada de atitudes individuais ou coletivas, o grupo dos acomodados justifica-se com base no consumo. Isto é, enquanto puder consumir e não tiver de pagar pelo que consome e por seus impostos, não há com o que se preocupar.

Cidadania e o dia-a-dia

Depois de alguma reflexão, o grupo reconhece que a escola é um "minissistema" e que tudo o que acontece ali — associando claramente ao momento que estavam vivendo — é uma repetição do que acontece no país. "Então a gente começa a ser cidadão a partir da educação que recebe na escola, sabe?" Esse entendimento estende-se para a família e suas regras. A educação para a cidadania, então, segundo os estudantes, começa desde o nascimento.

O que chama a atenção é que é necessária muita reflexão para que concluam sobre seu papel como cidadãos. A cidadania consciente não faz parte do dia-a-dia desses alunos, mesmo que briguem por seus direitos e cumpram as regras estabelecidas pela escola e pela família.

Na opinião deles, o que falta para que possam exercer melhor suas funções como cidadãos é informação. O grupo dos que procuram a informação afirma que lê jornais e conversa com pais e professores, enquanto os acomodados mantêm sua posição porque "odeiam política".

Política, para quase todo o grupo, é um assunto obscuro, cheio de interesses e corrupção. Assim como os meios de comunicação, pouco confiáveis. Deve-se destacar, entretanto, que, ao compararem a situação que viveram com a do país, reconhecem a dificuldade de encontrar o consenso e a solução para os problemas coletivos.

> Pô, chega uma hora que não adianta mais, já encheu o saco. Os caras não querem mais saber. Então o cara não vai ficar gritando por um pessoal que não tá nem aí.
>
> É que nem todo mundo teve a mesma maturidade que nós. Dentro do país a mesma coisa. A maioria não tem a maturidade de reclamar das coisas e tentar criar algo de bom.

Essas experiências do dia-a-dia vão construindo os diferentes comportamentos vistos anteriormente. Há os que afirmam terem aprendido que não devem se preocupar com o grupo e sim com os próprios interesses, e os que não se conformam e apresentam como desafio "mudar a cabeça do pessoal da sala". Mas fica clara, para eles, a pressão que o sistema exerce sobre cidadãos e sobre políticos. "A pessoa entra lá honesta e vai se sentindo tão pressionada que ou entra no sistema ou morre."

Fica evidente, então, a opacidade do sistema político e a dificuldade que os estudantes têm de entender e de lidar com os processos decisórios. O que percebem é a manipulação, tanto dos meios de comunicação como do sistema — que eles não sabem conceituar.

Isso faz que cresça a sensação de impotência diante do que consideram estar errado na sociedade.

> Se o povo tivesse que fazer alguma coisa contra o governo, ele não saberia para onde olhar, a quem recorrer. Porque eu vou contra alguma coisa, tá, eu vou contra, eu posso falar com meus amigos, mas eu não sei fazer tudo isso que eu to falando se tornar uma realidade, ajudar realmente a mudar alguma coisa... A gente não tem informação.

Os jovens e os meios de comunicação

Os jovens entrevistados, como já se observou, são bastante críticos em relação aos meios de comunicação. Afirmam que foram criados para democratizar a informação, mas alertam para o fato de que isso não funciona na prática. Na opinião deles, a mídia tem um papel muito mais forte como defensora de interesses econômicos, na manipulação da opinião pública e na formação de consumidores do que propriamente na disseminação e na democratização de informações.

Por defenderem interesses econômicos e políticos, os meios de comunicação, definitivamente, são pouco confiáveis. A crítica é dirigida principalmente à televisão, mas são capazes de identificar a intenção de manipulação também em revistas e jornais.

Para esses jovens, a televisão provoca a alienação deles mesmos e da sociedade. Se antes as famílias conversavam e liam, agora "a televisão fala mais alto dentro de casa". E a "fala" da televisão representa justamente a proposta de homogeneização do pensamento e da cultura, de acordo com o que pretendem os poderes hegemônicos:

> Então o pessoal vê um jornal e não tem capacidade de questionar, toda aquela cultura dos antigos, leitura e tal, passa pra TV. A TV já foi criando um modo que as pessoas não pudessem questionar, ela fez toda uma jogada pra que as pessoas fossem entendendo esse tipo de cultura e vissem aquilo ali e aceitassem, como se fosse todo o poder, sabe, Deus, assim...

Na fala acima, a televisão é comparada a Deus, ou seja, ela é onipotente e onipresente e capaz de determinar o comportamento e o destino dos seres humanos. É possível inferir daí o sentimento de impotência desses estudantes diante dos meios de comunicação e, especialmente, da televisão.

Mesmo assim, entre seus hábitos de mídia estão a televisão e a leitura de revistas, "nem que seja para rir". Parece que uma das formas de combaterem os sentimentos negativos gerados pelo poder dos meios de comunicação é por meio do sarcasmo e do deboche. A leitura de jornais é deixada, pela maioria, para a idade adulta, visto alguns títulos serem considerados fontes de informação quase confiáveis no que diz respeito à política. Assim, quando tiverem de buscar informações para o exercício da cidadania, os jornais serão a opção mais adequada.

Falta de confiança e impotência, então, são os sentimentos mais presentes nos jovens quando o assunto é mídia, da mesma forma que acontece quando o assunto é política.

Estilo, identidade x ideologia

A capacidade de crítica desse grupo de jovens estende-se ao comportamento deles mesmos. O grupo reconhece abertamente que é influenciado pela mídia e identifica em seus padrões de consumo e comportamento essa influência, principalmente no que diz respeito à maneira de se vestir.

A moda, segundo eles, tem um significado diferente hoje em dia. Se antigamente as pessoas vestiam-se para comunicar alguma coisa, hoje seguem padrões estabelecidos pela mídia. A roupa serve para determinar estilo e é possível variar sem que se reflita sobre o que se está comunicando. "Não tá mais querendo passar uma mensagem pelo que tá vestindo." Segundo esses jovens, falta à juventude (eles mesmos) a consciência e a informação para que possam assumir posturas críticas diante da sociedade, e todo o seu comportamento é simplesmente seguir a moda, o padrão, e consumir.

> É como o negócio dos *hippies*. Na época da minha mãe tinha os *hippies*, mas eram *hippies* mesmo. Agora eu vou lá no terminal, compro um brinco *hippie* porque tá na moda... Eles mesmos faziam porque era da maneira deles. A gente vai comprar porque acha bonito, porque tem na Capricho, porque a Sandy usa.

A palavra estilo tem um significado muito especial entre eles, isto é, parece ser algo vazio de ideologia, mas lotado de vaidade pessoal, narcisismo e necessidade de aceitação. A escolha do estilo varia de acordo com o estado de espírito de cada dia e com a necessidade que os jovens têm de serem reconhecidos e integrados nos variados grupos. Eles trocam de estilo, experimentam, até encontrarem seu estilo do momento ou sua identidade.

> As pessoas ficam procurando se achar em coisas externas, coisas banais, ficam tentando se achar, tentando refletir como as pessoas aceitariam elas melhor e ficam procurando a vida inteira. Às vezes a gente muda de patricinha pra *hippie*, de *hippie* pra *grunje*... eu acho legal essa mudança, tu mudar teu estilo...

Os diversos estilos que identificam na juventude — *funk*, *punk*, *rapper*, patricinha, *hippie* chique, entre outros — também indicam, segundo eles, a falta de integração, a segmentação e a fragmentação dos interesses, que geram dificuldades em determinar objetivos comuns a todos e faz parecer que não há motivos para lutar e protestar.

No imaginário desses jovens, assim como a forma de vestir, antigamente, era uma forma de comunicar alguma coisa, os jovens de então "sabiam bem o que queriam da vida, saíam pra rua e protestavam".

Novamente pode-se observar o sentimento de impotência que ronda a vida dos entrevistados. Dão-se conta de que vivem em uma ditadura muito mais complexa do que aquela em que viviam os jovens em 1968, a "ditadura dos meios de comunicação".

> Eles tão manipulando a gente, mas mais dissimulado...

> E é uma manipulação bem pior porque a gente não sabe contra quem lutar...

> E é uma ditadura bem pior porque a gente não sabe que está sendo manipulado e a gente está sendo muito manipulado.

Meios de comunicação, política e consumo

Até aqui tem sido possível observar o espírito crítico desses jovens e o sentimento de impotência que têm diante dos meios de comunicação e da política.

Quando foram questionados, objetivamente, sobre o que poderiam fazer para interferir nos meios de comunicação, responderam de forma evasiva, isto é, a princípio consideraram que só sendo profissionais da área de comunicação, estando dentro dos meios poderiam fazer algo diferente, "ir mudando aos poucos". Mesmo assim, seria difícil mudarem alguma coisa, pois teriam de seguir as determinações dos donos dos veículos. Novamente, trazem a perspectiva da pressão do sistema. É adaptar-se ou passar fome.

De forma pouco convicta, indicaram a mudança de canal como alternativa, "escolhendo os melhores programas, escolhendo as coisas de qualidade".

Menos convictos ainda, sugeriram telefonemas e cartas como forma de influenciar os meios de comunicação.

A segurança e a confiança dos estudantes em sua capacidade de interferir só surgiu quando o tema da conversa transferiu-se para o consumo. A transferência aconteceu de forma espontânea. O tema foi trazido por eles e ocupou um bom tempo da discussão. Contaram diversos casos de ligações e *e-mails* com reclamações para centrais de atendimento ao consumidor de empresas em que foram atendidos prontamente.

Observa-se, então, a impotência diante dos meios, mas a potência e a segurança que têm no consumo. Como consumidores, são cidadãos ativos e conscientes de seus direitos.

Adultos e os meios de comunicação

Quando falam da relação dos mais velhos — pais e avós — com os meios de comunicação, os jovens entrevistados apresentam um posicionamento ambíguo, tipicamente adolescente. Por um lado, evocam, com saudades, um tempo em que leitura e conversa eram mais soltas e, como já foi visto, havia contra o que lutar. Por outro, consideram esse pessoal menos apto para a leitura crítica das mensagens midiáticas. Percebem nos adultos uma incoerência entre o que exigem do comportamento deles e o que toleram que a televisão mostre nas novelas. Pais e avós são criticados por seus hábitos de mídia, no que diz respeito tanto à televisão como às revistas. A maior parte do grupo acredita ser responsável por ensinar os "antigos" a usarem os meios de comunicação.

Ao se compararem com os mais velhos, afirmam que "a geração menos alienada já se foi, tipo nossos avós". Isto é, esses estudantes consideram-se naturalmente capazes de interpretar e criticar o que vêem nos meios, afirmam saber discernir o que é certo e o que é errado nas notícias e novelas.

> Pro pessoal mais velho vai ser mais difícil dizer que eles não aceitassem tudo o que a Rede Globo impõe... é mais difícil pra ti mudar a cabeça do pessoal mais antigo.

Alguns participantes, entretanto, consideram a mediação na família como parte fundamental do desenvolvimento da consciência crítica e apostam na limitação do tempo em frente à televisão como método eficaz de educação, práticas utilizadas por seus pais com eles mesmos.

Fontes de informação, formação e participação

A necessidade de mais informação para o pleno exercício da cidadania permeia o discurso dos estudantes entrevistados, mas, em geral, os meios de comunicação tradicionais — televisão, rádio, revistas e jornais — não são considerados fontes confiáveis. A busca de informações, então, acontece de diferentes maneiras: por meio da seleção dos veículos "menos piores", por meio da internet e, principalmente, falando com pessoas que sejam consideradas bem informadas ou especialistas — pais, professores e amigos.

> Eu acho que uma das melhores formas, além de ler jornal, ver CNN, ver Globonews que são os melhores e talvez uma que outra matéria na internet, é conversa mesmo. Com os pais, com amigos que escutaram de não sei onde. Essa forma de comunicação eu acho que é uma das que mais me informa.
>
> É legal discutir com pessoas que são da área, que entendem mesmo o que está acontecendo. Não só o que eles querem que tu fiques sabendo.

Já a internet é motivo de conflito entre o grupo. Existem os defensores ferrenhos, que acreditam na formação que podem adquirir por esse meio. "Se eu ficar na internet, vou ser um cara culto." E os que atacam (minoria) afirmando que a internet toma todo o tempo e que quem fica a noite toda na internet é *nerd*, deixa de estudar e viver.

Os adeptos consideram que a internet reúne "o que há de melhor e o que há de pior" e que o importante é saber utilizá-la. Indicam-na como fonte de informação onde se pode encontrar alternativas de ação cidadã, como projetos de voluntariado e engajamento em entidades preocupadas com o bem-estar social e com a ecologia.

Parte do grupo, porém, salienta que na internet o que se encontra são informações sobre outras cidades, tornando difícil o engajamento em alguma ação que possa interferir diretamente na comunidade onde estão inseridos.

> A gente precisa encontrar alguém que tá ligado nessa parte, porque se eu for procurar na internet vou encontrar em São Paulo, Porto Alegre... Florianópolis não tem.

Esses jovens reconhecem a importância do que acontece localmente e desejam, de alguma forma, interferir. Entretanto, percebe-se que têm grande dificuldade em encontrar, sistematizar e hierarquizar informações de forma que elas se tornem úteis para sua formação e tomada de posição coerente como cidadãos. Parece mais fácil estarem informados sobre o que acontece globalmente do que sobre o que acontece especificamente em sua cidade.

A escola

Professores são reconhecidos como autoridade, porém a escola, na opinião deles, deveria atuar de forma mais consistente na formação para a cidadania. Uma das maneiras sugeridas é o intercâmbio de experiências entre escolas públicas e privadas, pois acreditam que o fato de estudarem em escola privada faz que percam a capacidade de tomar consciência dos problemas sociais.

Outra sugestão que oferecem é a realização de mais encontros como os que tiveram durante a pesquisa. Vale relatar o comportamento do grupo nos encontros: para o primeiro, foi necessário chamar os alunos para a sala, demoraram um tempo até se acomodarem, mas a satisfação em participar foi tanta que no segundo encontro já estavam todos na sala, sentados, aguardando a discussão. Isso reflete a necessidade que os jovens têm de ser ouvidos e de trocar informações e opiniões e a satisfação que isso lhes dá, como ilustram estas falas:

> A gente podia ter mais momentos como este.
>
> Depois do primeiro papo eu fiquei esperando por isso, acho que é uma boa oportunidade. Mais atividades em pequenos grupos.

Os jovens entrevistados criticam o conteúdo da escola:

> A gente estuda a mesma coisa até a oitava série, depois no segundo grau, vai aprofundando um pouquinho, mas é a mesma coisa... por que não aprofundam de uma vez lá?

Criticam também o estímulo à competição, presente principalmente no ensino médio e na preparação para o vestibular. Acreditam que isso serve para incrementar a falta de integração do grupo.

> Primeiro dia de aula o Sérgio [professor] veio falar que nós somos inimigos, cara!
>
> Qual o problema de a gente se ajudar, cara?

As críticas apresentadas são um indício de que esses jovens gostariam de receber da escola algo além dos conteúdos tradicionais das disciplinas. Os resultados da pesquisa deixam claro que desejam refletir sobre a sociedade e que desejam muito ajudar, seja lá no que for. É altamente relevante o fato de que não desejam competir entre si. Para eles, o vestibular é a metáfora da sociedade contemporânea, a sociedade do "cada um por si", do "que vença o melhor". Questionam os critérios de seleção adotados e a injustiça do sistema de avaliação e acesso à universidade. Associam isso ao que acontece, hoje em dia, com as pessoas em geral: "Ninguém mais presta atenção no outro. O cara pode estar morrendo que ninguém pára pra ajudar".

Mídia, cidadania e consumo — Conclusões

Longe de pretender esgotar o tema, até porque o estudo apresentado considera um pequeno segmento da sociedade, este artigo ajuda a compreender como os cidadãos ou futuros cidadãos — como os jovens mesmo se consideram — estão lidando com as questões relativas à política e à cidadania.

O grupo entrevistado, incluído no mercado de consumo, sente-se excluído da política e impotente diante da manipulação dos interesses hegemônicos representados pelos meios de comunicação. Esta, talvez, seja a grande diferença entre a perspectiva de Canclini e o que se encontrou na pesquisa. A geração que um dia poderá tornar-se liderança no país, ou pelo menos na comunidade, já não confia mais na mídia como porta-voz na busca de soluções para os problemas da sociedade. Entretanto, não está apta — alguém está? — para explicar o momento que vivemos ou encontrar o caminho para que o narcisismo e o individualismo cedam lugar à solidariedade e à preocupação com o coletivo.

O que mais chama a atenção é o sentimento de impotência e a desconfiança que assolam a juventude. A potência ou a confiança, quando aparecem, estão vinculadas ao consumo.

Talvez isso explique o fato de a solidariedade ter-se tornado uma mercadoria, para a qual é necessário persuadir por meio de campanhas publicitárias. Talvez as campanhas criadas pelos alunos de comunicação representem justamente a vontade de fazer alguma coisa pelas pessoas usando as únicas ferramentas que conhecem: a mídia e o consumo.

Aliás, o que se tem oferecido aos jovens e às pessoas em geral como alternativa de educação e de ação para a cidadania é a participação em projetos de voluntariado. Segundo Buckingham (2000: 187), o mesmo acontece na Inglaterra, onde o estímulo ao voluntariado serve como uma maneira de evitar discussões sobre as controvérsias da política, e os defensores dessa forma de educação afirmam que assim evitam a doutrinação. O autor salienta que "no esforço para evitar a controvérsia política, os legisladores da educação assumem, implicitamente, que crianças são incapazes de fazer julgamentos políticos e que são alvos fáceis para a doutrinação". Dessa forma, educadores não estão oferecendo aos jovens conhecimento suficiente para que possam assumir com maturidade seu direito ao voto aos 18 anos.

A impotência identificada no grupo pesquisado ganha ainda mais força quando agregada à queixa pela falta de informação. Não surpreende que, na era do conhecimento, adolescentes sintam-se perdidos e desinformados. Diariamente são bombardeados por informações oriundas de diferentes fontes, absorvidas de forma fragmentada, o que impede que apreendam as articulações e inter-relações entre fatos políticos e sociais ocorridos em tempos e espaços distintos. Assim, as informações que chegam até eles fazem que política e cidadania pareçam intocáveis, distantes, fragmentadas, dificultando a compreensão e o estabelecimento de relações entre o que acontece em sua experiência vivida e o que aparece na mídia.

De um ponto de vista bastante pragmático, o fato de os jovens entrevistados desconfiarem de políticos e dos meios de comunicação pode ser um bom presságio, uma oportunidade de oferecer espaço e orientação para que possam ser capazes de refletir e encontrar maneiras alternativas de lidar com suas experiências e sua formação para a cidadania.

Buckingham (2000: 187) destaca que "o maior desafio para professores, assim como para jornalistas, é encontrar a maneira de estabelecer a relevância da política e conectar a micropolítica da experiência pessoal com a macropolítica da esfera pública". Acrescente-se a isso a possibilidade de aproveitar a experiência que os jovens têm como consumidores potentes e conscientes, utilizando-a como forma de compreender direitos e deveres dos cidadãos. Ou seja, usar a experiência vivida para o desenvolvimento de uma consciência crítica e cidadã em relação à política e aos meios de comunicação, considerando, como Canclini (1999: 92), que "só através da reconquista dos espaços públicos, do interesse pelo público, o consumo poderá ser um lugar de valor cognitivo, útil para pensar e agir significativa e renovadoramente na vida social".

É importante considerar que a escola, os pais e os professores, para o grupo entrevistado, possuem a legitimidade da informação mais do que os meios de comunicação. A instituição escolar, então, diferente da perspectiva que nos traz Orozco (1998), para esse grupo, não perdeu espaço para os meios de comunicação e possui papel protagonista como instituição educativa, desde que ofereça as condições necessárias ao desenvolvimento da reflexão.

Formar para a cidadania é, então, como afirma Belloni (2001), uma tarefa da escola e, para isso, será necessário, como sugere Buckingham (2000: 169), que se olhe para crianças e jovens de forma diferente, isto é: "crianças somente estarão preparadas para se tornar cidadãs ativas, capazes de exercerem escolhas políticas conscientes, se forem consideradas aptas a fazer isso". Para ressaltar esse aspecto, observa-se que o grupo pesquisado mostrou-se não só apto, mas principalmente sedento de participação e informação.

A proposta, então, é tornar mais abrangente a segurança e a autoconfiança que crianças e jovens têm como consumidores, formando-os para exercerem seus poderes como cidadãos do século XXI. Mas isso só poderá acontecer na medida em que considerarmos as crianças com respeito e a educação como algo mais amplo do que a simples transferência de conhecimentos suficientes para passar no vestibular. A educação e a escola do século XXI devem encarar os meios de comunicação e seus conteúdos, abrir espaços para discuti-los e interpretá-los e, assim, colaborar com os cidadãos na construção de sua visão de mundo e no exercício de suas responsabilidades.

Nós, pais, comunicadores e, principalmente, professores, temos na educação para os meios e para o consumo as ferramentas para enfrentar o desafio de formar cidadãos, mais do que simples consumidores.

Bibliografia

ADORNO, Theodore W., HORKHEIMER, Max (1985), *Dialética do esclarecimento: fragmentos filosóficos*. Rio de Janeiro, Jorge Zahar.

BELLONI, Maria Luiza (1991), Educação para a mídia: missão urgente da escola, *Comunicação e Sociedade. Revista de Estudos de Comunicação* v. 10, nº 17 (ago.), 33-45.

_________ (1994), A mundialização da cultura, *Sociedade e Estado* v. 9, nº 1-2 (jan./dez.), 35-53.

_________ (2001), *O que é mídia-educação*. Campinas, Autores Associados.

BOURDIEU, Pierre (1997), *Sobre a televisão*. Rio de Janeiro, Jorge Zahar.

BUCKINGHAM, David (2000), *After the dead of childhood: growing up in the age of electronic media*. Cambridge, Poity Press.

_________ (2000), *Studying Children's media Cultures: a new agenda for cultural studies. Actas do Congresso Internacional Os Mundos Sociais e Culturais da Infância*. Braga, Portugal, janeiro.

BUCK-MORSS, Susan (1981), *Origen de la dialéctica negativa: Theodore W. Adorno, Walter Benjamin y el Instituto de Frankfurt*, México, Siglo Veintiuno.

CANCLINI, Néstor García (1999), *Consumidores e cidadãos; conflitos multiculturais da globalização*. Rio de Janeiro, Editora UFRJ.

CENECA (1992), *Educación para la comunicación: Manual latinoamericano de educación para los medios de comunicación*. Santiago-Chile, pp.1-11, 255-318.

CORDELIAN, W., GAITAN, J. A., GOMEZ, G. O. (1996), A televisão e as crianças, *Comunicação e Educação* ano III, nº 7 (set./dez.), 45-55.

DEBORD, Guy (1991), *A sociedade do espectáculo*. Lisboa, Mobilis in Mobili.

FERRÉS, Joan (1998), *Televisão subliminar: socializando através de comunicações despercebidas*. Porto Alegre, Artmed.

GIDDENS, Anthony (1991), *As conseqüências da modernidade*. São Paulo, Editora UNESP.

GÓMEZ, Guillermo Orozco (1992), *La influencia de la TV en la educación de niños e jovenes: opiniones, mitos, hechos*. México, Universidad Iberoamericana.

__________ (1998), Uma pedagogia para os meios de comunicação, *Comunicação e Educação* ano IV, nº 12 (mai./ago.), 77-88, entrevista.

HALL, Stuart (2000), *A identidade cultural na pós-modernidade*. Rio de Janeiro, DP&A.

JAPPE, Anselm (1999), *Guy Debord*. Petrópolis, Vozes.

MASTERMAN, Len (1993), *La enseñanza de los medios de comunicación*. Madrid, Ediciones de La Torre.

KELLNER, Douglas (1992), *Popular Culture and the construction of postmodern identities. Modernity and Identity*. London, Blackwell, pp. 141-177.

__________ (1995) Lendo imagens criticamente: em direção a uma pedagogia pós-moderna, in SILVA, Tomaz Tadeu da (org), *Alienígenas na sala de aula*. Petrópolis, Vozes (Coleção Estudos Culturais em Educação).

LULL, James (s.d) Recepción televisiva, reforma y resistencia en China, *Hablan los televidentes: estudios de recepción en varios países. Cuadernos de Comunicación y praticas sociales*. México, Universidad Iberoamericana.

MARCUSE, Herbert (1969), *Ideologia da sociedade industrial: o homem unidimensional*. Rio de Janeiro, Zahar.

MATTELART, Armand (1994), *Comunicação-mundo: histórias das idéias e das estratégias*. Petrópolis, Vozes.

MORAN, José Manuel (1993), *Leituras dos meios de comunicação*. São Paulo, Pancast.

NOVAES, Adauto (org.) (1991), *Rede imaginária: televisão e democracia*. São Paulo, Cia. das Letras/Secretaria Municipal de Cultura.

PEREIRA, Sara De Jesus Gomes (1999), *A televisão na família — Processos de mediação com crianças em idade pré-escolar*. Braga (Portugal), Bezerra Editora.

SOARES, Ismar de Oliveira (1999), Comunicação/Educação: A emergência de um novo campo e o perfil de seus profissionais, *Contato: Revista Brasileira de Comunicação, Arte e Educação* ano 1, n° 2 (jan./mar.), 19-74, Brasília, Senado.

SOUZA, Mauro Wilton de (org.) (1995), *Sujeito, o lado oculto do receptor*. São Paulo, Brasiliense.

TÁVOLA, Artur da (1999), Imagem e palavra na TV. *Contato: Revista Brasileira de Comunicação, Arte e Educação* ano 2, nº 5 (out./dez.), Brasília, Senado.

WHITE, Robert A. (1998), Recepção: a abordagem dos estudos culturais, *Comunicação e Educação* ano IV, nº 12 (mai./ago.), 57-76.

O jovem entre o "bem" e o "mal" na TV

Isabella Maria Benfica Barbosa

Introdução

Comunicar-se para o homem é condição de sobrevivência, pois ele sempre foi — e para sempre será — um ser simbólico, ser de linguagem, de interação e comunicação. Desde os primódios, no entanto, os meios de que dispõe para criar, registrar, transmitir e armazenar linguagens e informações constituem-se em registros das trocas que realiza com outros homens e com a natureza à sua volta. A qualidade e a pertinência dessas trocas — portanto o domínio dos meios — determinam o lugar das civilizações na história. Assim, os gregos, que detinham os meios da guerra e da retórica, em um período da história dominaram o mundo antigo; os portugueses e espanhóis — mestres das caravelas e naus — descobriram novos mundos; os americanos do norte — montados em suas "Apolos" e módulos lunares — chegaram às estrelas.

Mas, se desde que o homem é homem sempre dispôs de meios para realizar seus intentos e registrar suas conquistas, por qual motivo somente a civilização atual diz-se e está impregnada de "comunicação"? A resposta está na multiplicação crescente e acelerada dos meios de que o homem contemporâneo dispõe para realizar suas trocas simbólicas, construir suas linguagens, interagir com os outros homens e com a natureza e transmitir dados e informações. A novidade, portanto, não está na comunicação — ela sempre existiu —, mas no nível de exposição e dependência que o homem adquiriu em relação aos meios de comunicação.

Sob esse entendimento preliminar, o propósito deste artigo é explorar a interação entre a televisão e os jovens, no âmbito de um tema — a violência na mídia — que tanto preocupa pais, educadores e comunicadores comprometidos com a formação crítica e cidadã de nossas crianças e de nossos jovens. A construção de minha dissertação de mestrado[1] me conduz a operar um recorte metodológico e na análise, concentrando o trabalho em uma das "entradas possíveis" a um tema tão complexo quanto o das relações entre jovens, televisão e violência. Ou seja, nosso objetivo de pesquisa é estudar como adolescentes da cidade de Florianópolis elaboram e incluem em seu discurso os valores morais apresentados pelas mensagens de conteúdo violento da televisão.

Portanto, em linhas gerais, tratamos de apontar aqui algumas categorias e conceitos que norteiam o trabalho de campo em três escolas (duas públicas e uma privada) do ensino fundamental e médio de Florianópolis. Apresentamos também, como pano de fundo para a discussão, alguns indicadores de pesquisas nacionais e internacionais, no que diz respeito à relação entre conteúdos violentos transmitidos pela televisão e comportamentos agressivos em crianças e jovens.

Esperamos que, a partir de questionamentos, dúvidas e alguns possíveis *insights*, pais, educadores e comunicadores interessados em explorar de maneira mais criativa, lúdica e produtiva a interação entre meios e audiência encontrem alguma contribuição que lhes permita um melhor aproveitamento desses meios em benefício das crianças e dos jovens.

Violência na TV *versus* violência na sociedade

Quando 88% das crianças[2] a partir dos 12 anos de idade identificam-se com personagens como *Rambo e Exterminador do Futuro*,

1. Programa de Pós-Praduação em Educação (PPGE), Linha de Pesquisa "Educação e Comunicação", no Centro de Educação da Universidadede Federal de Santa Catarina.

2. Pesquisa realizada em 1987, em escola pública, no Distrito Federal, com crianças de quatro turmas de 1º Grau (3ª e 6ª séries).

e quando a TV brasileira exibe 1.423 crimes em uma semana de desenhos animados, é evidente que pelo menos duas perguntas necessitam de respostas: Qual a relação da violência na mídia, mais especificamente na televisão, com a violência na sociedade? Quais os efeitos da violência na tela da televisão sobre o comportamento das crianças e dos jovens?

Essas duas preocupações — a relação violência na mídia/violência na sociedade — e sua repercussão nas crianças e nos jovens são os grandes temas de pesquisas desse campo de estudos em todo o mundo. As opiniões no debate, segundo a pesquisadora argentina Tatiana Merlo-Flores, "vão desde aquelas que consideram a tela como um espelho da realidade social até outras que afirmam que os efeitos da violência são devastadores, particularmente para crianças e adolescentes. As primeiras tendem a justificar a violência, enquanto as últimas gostariam de pôr um fim a ela".

Há pesquisadores, no entanto, nos informa Merlo-Flores, que buscam uma terceira abordagem em suas pesquisas, em que "tudo é visto como relativo". Isto é, continua, "se acredita que a relação que as crianças e adolescentes estabelecem com a televisão depende de sua família, ambiente social, características pessoais etc." A busca de variáveis unificadoras que capacitem os pesquisadores a entender e explicar as relações entre crianças e televisão é, na opinião de Merlo-Flores, o grande desafio das pesquisas atuais.

Aqui, antes de abordá-las, propomos uma "ligação" com as primeiras pesquisas e análises sobre violência na televisão, com o propósito de introduzir uma breve discussão sobre o contexto em que foram realizadas. A maioria desses estudos, de origem norte-americana e européia, produzidos a partir da década de 1960, demonstram uma orientação tipicamente behaviorista com suas metodologias experimentais e bateriais de testes psicológicos. E ao mesmo tempo incidem seu foco de análise no viés da programação em detrimento de uma abordagem voltada ao público. Essa categoria é contemplada, principalmente, a partir dos estudos de recepção da tradição latino-americana (Orozco, Barbero, Fuenzalida, entre outros) e dos estudos culturais de origem britânica (Hall, Buckham, Anderson, entre outros).

Em 1969, Gerbner e colaboradores, pesquisadores da Annemberg School of Communications da Universidade da Pensilvania, Estados Unidos, iniciaram a primeira série de estudos sobre a análise da violência na televisão. Desde então, essa equipe tem publicado relatórios anuais sobre a violência na televisão nos Estados Unidos, relatórios que se tornaram referência na análise da evolução da presença de violência na televisão naquele país.

A partir desse "pontapé" inicial de Gerbner e sua equipe, nos últimos quarenta anos somente nos Estados Unidos foram conduzidas mais de 3.500 pesquisas que abrangem desde análise da literatura acumulada nesse período a relatórios que relacionam a violência na televisão como um mal para a saúde pública.

Entre as investigações mais recentes, destacamos: o estudo da violência na vida norte-americana, de 1993, realizado pela Academia Nacional de Ciências, que relacionou a mídia com outras causas sociais e psicológicas, como um fator que contribui para a violência; e o estudo da Associação Psicológica Norte-americana, de 1992, que também indicou a violência na mídia.

O National Television Violence Study também merece menção entre os estudos americanos sobre o tema. Realizado ao longo de três anos da década de 1990, por um consórcio de universidades (Universidades da Califórnia, do Texas, de Wisconsin, da Carolina do Norte), teve o grande mérito de analisar 9.000 horas de programação televisiva, constituindo-se em um ponto de referência para estudos posteriores.

Uma investigação promovida na França, em 1994-1995, pelo Conseil Supérieur de l'Audiovisuel, a par de outros importantes estudos realizados na Inglaterra e nos países nórdicos, tornou-se ponto de referência quando se deseja comparar uma realidade européia com a de outras populações. Mais recentemente, em 1997, uma equipe interdisciplinar de pesquisadores portugueses avaliou o grau de violência da programação dos quatro canais da televisão daquele país e comparou-os no que se refere a grau de violência e contexto (Wartella et al., 1999).

Esse resumido — e apenas ilustrativo — levantamento das pesquisas realizadas na Europa e nos Estados Unidos nas últimas quatro décadas conduziram-nos a refletir sobre o contexto em que apareceram essas pesquisas. Vejamos.

Até a ascensão do nazi-fascismo na Europa, em meados dos anos 1930, a propagação de meios de comunicação como o cinema e o rádio era avaliada como altamente positiva para os propósitos da democracia. Até então, os meios eram vistos como um prolongamento das instituições democráticas e como um dos pilares de defesa da democracia.

Os ventos da propaganda nazista, no entanto, mostraram o quanto eram ilusórias a positividade e a neutralidade dos meios de comunicação. Quando a "cineasta de Hitler", Leni Riffenstahl, a serviço das estratégias propagandistas do ministro da Propaganda Goebbels, realizava uma tomada do "Fuhrer" de baixo para cima, de modo que ele parecesse maior do que realmente era, deixava implícita uma mensagem: os meios podem servir a uma ideologia e "plantar" distorções na consciência do público, entre outras influências positivas ou negativas.

Em sua famosa biografia de Riefenstahl, Glenn B. Infield descreveu seu trabalho de câmera para *Triunfo da vontade* (1934): "Ela decidia sobre efeitos fundamentais que resultavam em fotogramas desorientados e animados. Filmava pessoas e objetos em situações irreais. Mostava a parte superior dos prédios e o céu, mas não o solo, para dar o efeito de construções flutuantes. Os seres humanos, ela os filmava de ângulos que os faziam semelhantes a aparições no céu. *Close-ups* das pessoas marchando e das bandeiras, Hitler, seus oficiais, tudo se transformava em matéria bruta para o movimento. Se o objeto estava estático, ela ordenava ao cinegrafista que movesse a câmera" (Hoineff, 2001).

A produção estética de Riefenstahl, no entanto, teve precursores em outro contexto ideológico. A Revolução Bolchevique (Rússia, 1917) legou para as gerações seguintes, só para citar os mais célebres, um teórico — Dziga Vertov — e um cineasta — Serguei Eisenstein —, ambos propagandistas voluntários dos primeiros anos do regime soviético. O próprio Eisenstein nos revela como uma obra-prima do cinema pode ser, também, uma extraordinária peça de propaganda. Isso fica claro na narração de uma tomada de *O encouraçado Potemkin* (1926): "Uma pequena peça, que não se percebe sequer como um objeto, mas apenas como um reforço puramente dinâmico, o simples floreio de uma tomada, que não permite a ninguém ver o que está acontecendo de fato. Nesta tomada, um jovem, no paroxismo da raiva, rasga a camisa. Essa tomada, como um acento culminante, é inserida no lugar necessário, entre o estudante encolerizado e os punhos erguidos, que já se agitam no ar. A indignação do povo em terra firme "explode" na raiva dos marinheiros, que se reúnem no convés [...] e a bandeira vermelha agora é desfraldada no *Potemkin*!"

Dois outros acontecimentos ao final década de 1930 também demarcaram a mudança de atitude e comportamento dos meios em relação ao público (ou vice-versa): a transmissão, pelo rádio, de uma adaptação do romance de H. G. Wells *A guerra dos mundos*, realizada pelo cineasta americano Orson Wells em 30 de outubro de 1938. Essa emissão de rádio totalmente fantasiosa de uma invasão da Terra por naves que transportavam alienígenas vindos do planeta Marte pôs uma sociedade inteira em estado de pânico, suscitando análises e debates sem fim — e filmes, diversos livros e teses —, sobre os efeitos perniciosos do rádio e as conseqüências disso no comportamento das pessoas.

A publicação, em 1939, da obra de Tchakotine, *A violação das massas pela propaganda política*, acabou de vez com a ilusão de que os meios e a democracia conspiravam para o mesmo fim. Na Alemanha, com a tomada do poder pelos nazistas, inicia-se não só o período de barbárie, mas uma brutal perseguição aos intelectuais judeu-alemães baseados no "Instituto de Pesquisa Social" da Universidade de Frankfurt. Cassados de seus cargos na universidade e espoliados de seus direitos civis e políticos, dois dos mais notórios integrantes do Instituto — Theodor Adorno e Max Horkheimer — partem para o exílio forçado — inicialmente em solo europeu e depois nos Estados Unidos —, onde lançam os fundamentos da teoria crítica. No ensaio *Teoria tradicional e teoria crítica* (1937), Horkheimer "denunciava a teoria tradicional como tentativa de imposição subliminar da ordem dominante e sustentava a teoria crítica como procedimento capaz de acentuar a importância da ação, da dimensão material e da necessidade do pensamento racional para a interpretação do mundo" (Pucci et al.,1999: 33).

Torna-se fundamental assinalar, no entanto, o quanto o exílio forçado em uma sociedade profundamente diferente da pátria natal deixa marcas indeléveis na obra e na vida dos filósofos frankfurtianos. Em Adorno, segundo Pucci et al. (1999: 36), representou a estranheza e a lucidez do excluído, do diverso: "A sociedade democrática de massas norte-americana surpreende-o em suas linhas básicas e desssa surpresa resultarão múltiplas e potentes reflexões e estudos de caráter sociológico e filosófico, que constituirão a matéria-prima de sua vasta produção acadêmica".

Ao analisarem a produção industrial de bens culturais enquanto movimento de produção da cultura como mercadoria, Adorno e Horkheimer desenvolveram um conceito fundamental para qualquer análise dos meios de comunicação a partir de então: o conceito de "indústria cultural".

> [...] Os produtos culturais, os filmes, os programas radiofônicos e as revistas revelam a mesma racionalidade técnica, o mesmo esquema de organização e planificação da gestão que os do fabrico de automóveis em série ou dos projetos de urbanismo. Cada setor da produção está uniformizado e todos o estão em relação aos outros. A civilização contemporânea a tudo confere um ar de presença. A indústria cultural fornece, onde quer que seja, bens padronizados para satisfazer as numerosas procuras, identificadas como outras tantas distinções a que os padrões da produção devem responder. Através de um modo industrial de produção obtém-se uma cultura de massas feita de uma série de objetos com a marca bem manifesta da indústria cultural: seriação — padronização — divisão do trabalho (Mattelart e Mattelart, 1997: 66).

Ou, como fica ainda mais claro nas palavras dos próprios Adorno e Horkheimer, "nos nossos dias, a racionalidade técnica é a racionalidade da própria dominação. O terreno no qual a técnica adquire o seu poder sobre a sociedade é o terreno dos que dominam economicamente" (Adorno e Horkheimer, 1947). É, porém, outro alemão, Herbert Marcuse, que na década de 1960 vai nos apontar como essa racionalidade técnica — que chamou de razão instrumental — reduz o discurso e o pensamento a uma única dimensão que "faz acordarem-se a coisa e a sua função, a realidade e a aparência, a essência e a existência". Essa "sociedade unidimensional anulou o espaço do pensamento crítico", afirma Mattelart (1997: 69). O mais famoso livro de Marcuse, *O homem unidimensional*, publicado na França em 1967, transformou-o em guru dos levantes estudantis da época, estabelecendo sua influência na pesquisa em ciências sociais e nos estudos em comunicação — já nessa época marcados pela propagação e pela consolidação da televisão como meio de comunicação hegemônico.

A onda de conceitualizações críticas da relação entre os meios e a sociedade, inaugurada, como vimos, pelos "frankfurtianos" Adorno e Horkheimer — sem esquecer Walter Benjamin e outros —, e mais tarde retomada por Marcuse, expande-se a partir de então com Edgar Morin, Louis Althusser e, ainda hoje, Noan Chomsky e Jurgen Habermas:

> Diversos autores que vieram depois aprofundaram a visão de Adorno, Horkheimer, Benjamin e outros sobre os meios como instrumentos de dominação social e, mais importante, contribuíram para a fundamentação de uma análise institucional dos meios, mostrando como este campo da vida social não pode ser subtraído à reflexão problematizante de que têm sido objeto outras instituições sociais, como a família, a religião ou o sistema político" (http://www.aacs.pt/violencia_tv/, acesso em 21-7-2001).

Para concluir nossa "ligação" inicial, resta-nos mencionar como entra em cena, no âmbito das investigações dos fenômenos da comunicação, a reflexão sobre os efeitos dos meios de comunicação de massa. *Quem diz o quê, por que canal, a quem e com que efeito?* Estas eram a base conceitual e a fórmula a partir das quais a chamada "sociologia funcionalista dos meios" (Mattelart, 1997: 33) lançou suas investigações. Segundo Mattelart, dois pontos desse programa — adotado por Lasswell em 1948 — são relevantes: "a análise dos efeitos e, em estreita correlação com estes, a análise de conteúdo, que dá ao investigador elementos suscetíveis de orientar a sua abordagem do público" (id., ibid). Dois grandes paradigmas de investigação sobre os efeitos dos meios de comunicação, ainda no interior da escola funcionalista, surgem nessa época: *o paradigma dos efeitos mínimos e o paradigma da comunicação persuasiva*. Vale a pena saber que

> O primeiro, desenvolvido a partir dos trabalhos de Lazarsfeld (Lazarsfeld, Berelson e Gaudet, 1948), nasceu no quadro dos estudos sobre a decisão de voto e a propaganda eleitoral. O segundo, desenvolvido a partir de Hovland (Hovland, Janis e Keller, 1953), nasceu no contexto dos estudos sobre a formação e mudança das atitudes e da comunicação persuasiva, realizados durante e na seqüência da II Guerra Mundial. Os estudos conduzidos por Hovland mostraram que uma mensagem persuasiva, que obedeça aos critérios previamente testados, pode ser eficaz em cerca de 50% dos membros de uma audiência. Pelo contrário, os estudos desenvolvidos por Lazarsfeld mostraram que a comunicação eleitoral, tal como normalmente produzida, e difundida através dos meios, apenas terá efeitos persuasivos em cerca de 5% das audiências (http://www.aacs.pt/violencia_tv/, acesso em 21-7-2001).

Nessa luta dos efeitos mínimos contra o paradigma da comu nicação persuasiva, ganhou a primeira concepção, que predominou por mais de trinta anos como base para a reflexão e a investigação sobre a relação meio-sociedade. É apenas no 10º Congresso da Associação Internacional para o Estudo da Comunicação Social, realizado em 1978, que, moderadamente, se propõe: "provavelmente será necessário regressar à hipótese da influência dos meios de comunicação social" (id., ibid.).

Em resumo, a tradição e o desenvolvimento do pensamento crítico, o uso dos meios para fins de propaganda política e entretenimento das massas, as investidas funcionalistas sobre os efeitos mínimos ou de persuasão dos meios, a consolidação e a expansão da televisão como o "meio" de comunicação de massa do século XX, enfim, tudo o que foi mencionado — entre outras relações sobre "meios e sociedade" que possam (e devam) ser feitas — demonstra a importância e a relevância que as pesquisas em comunicação adquiriram a partir da segunda metade do século XX para cá.

Insere-se nesse quadro geral o forte impacto e a enorme repercussão que a violência nos programas de televisão exerce sobre as crianças e os jovens nos dias de hoje. Já nos referimos à pesquisadora argentina Tatiana Merlo-Flores, que aponta a busca de variáveis unificadoras das várias concepções do problema da relação do jovem com a violência na televisão como o principal desafio das pesquisas nessa área em todo o mundo. Vamos resgatar alguns indicadores recolhidos em diversos trabalhos no campo de investigação sobre a relação entre criança/jovem e a violência na mídia. Essa discussão traz como ponto de referência o atual estágio das pesquisas, em que se observa a importância do público como protagonista, alçado à categoria de "receptor" ativo na construção das mensagens midiáticas.

Justamente por isso, cabe uma observação: "criança", "adolescente" e "jovem" são palavras tão comuns que as mencionamos ou as escrevemos, na maioria das vezes, como "quase" poderia acontecer nesse artigo, sem refletir sobre seus significados. Propomos então, outro "clique", agora, nos conceitos-chave de "infância", "adolescência" e "juventude", antes de mergulharmos nos problemas e indicadores de pesquisa sobre violência na televisão propriamente ditos.

Crianças, adolescentes ou jovens, eles estão no mundo

As crianças no mundo constituem-se em um grupo humano bastante significativo, embora, é óbvio, não hegemônico. Elas representam 37% da população mundial, de acordo com a convenção da ONU sobre os Direitos das Crianças e Adolescentes. Ainda segundo as Nações Unidas, crianças são todas as pessoas com menos de 18 anos.

A utilização da categoria "jovem" para denominar os sujeitos de nossa pesquisa — que pretende investigar como estudantes (12 a 16 anos) elaboram em seus discursos os valores morais que captam na tela da TV —, assim como para os fins desse artigo, justifica-se a partir das características da população a ser estudada e pelas escolhas metodológicas consideradas para o desenvolvimento da investigação. No entanto, o que nos parece mais relevante destacar aqui é uma explicação de caráter conceitual, pois,

> Segundo as definições adotadas pela Organização Pan-Americana da Saúde/Organização Mundial da Saúde — OPS/OMS, adolescência e juventude se diferenciam por suas especificidades fisiológicas, psicológicas e sociológicas. Para a OPS/OMS, a adolescência constitui um pro-

> cesso fundamentalmente biológico, durante o qual se aceleram o desenvolvimento cognitivo e a estruturação da personalidade. Abrange as idades de 10 a 19 anos e é dividida em etapas de pré-adolescência (10 a 14 anos) e adolescência propriamente dita (de 15 a 19 anos). Já o conceito de juventude resume uma categoria essencialmente sociológica, que indica o processo de preparação dos indivíduos para assumir o papel de adulto na sociedade, tanto no plano familiar quanto no profissional, estendendo-se dos 15 aos 24 anos (Abramovay et al., 1999: 24).

Essas definições, embora esclarecedoras, demarcam uma fronteira muito tênue e difusa entre os conceitos de infância, adolescência e juventude. Um olhar aprofundado em direção a qualquer uma das especificidades apontadas exige uma avaliação rigorosa das demais. O mesmo acontece ao tentarmos entender as concepções de "juízo moral" nas crianças, desenvolvidas por Jean Piaget. Para Yves de La Taille (1992: 47), é necessário compreender e avaliar a articulação feita pelo autor entre afetividade e inteligência para alcançar o conceito de "juízo moral". Disso trataremos em outro momento neste artigo.

Ao introduzirmos, a seguir, uma discussão sobre "como" as crianças aprendem com a televisão, nossa intenção é resgatar alguns dos inúmeros e complexos problemas de pesquisas, sem, no entanto, pretender esvaziar tema tão amplo.

A socialização e a formação da criança na TV

> Haverá um dia — talvez este já seja uma realidade — em que as crianças aprenderão muito mais — e muito mais rapidamente — em contato com o **mundo exterior** do que no recinto da escola.
>
> As crianças, mesmo as mais pequeninas, sós ou em grupos, pesquisarão por si mesmas soluções dos problemas, talvez pela primeira vez apresentados como tais.
>
> Os novos meios ultra-rápidos de comunicação a grande distância — rádio, telefone, televisão — estão a ponto de ligar o mundo inteiro numa ampla rede de circuitos elétricos, suscitando uma nova dimensão do engajamento do indivíduo face aos acontecimentos (Macluhan, apud Lima, 1973).

Essa compilação de algumas "profecias" de Marshall Mcluhan, escritas há mais de três décadas, quando a televisão e as novas tecnologias de comunicação e informação davam os primeiros passos, nos levam a refletir em "quanto" e "como" o destino da educação — e da escolarização em particular — transformou-se, com o passar dos anos, em um fenômeno de comunicação.

A televisão, com mais de meio século entre nós, divide com a escola, a família, as igrejas e outras instituições de lazer e entretenimento a tarefa de "formar" e "socializar" as novas gerações. A linguagem televisual, "cada vez mais complexa em termos técnicos (combinações de luz e som) e cada vez mais estandardizada em termos semânticos (das significações construídas), porque submetida às exigências técnicas e mercadológicas" (Belloni, 1988: 43), satura com sua onipresença e sua atratividade a conduta social dos indivíduos, efeito sentido com mais ênfase, é claro, entre os mais jovens. É flagrante e notória a vantagem da televisão — em relação aos demais agentes de socialização — no processo de aquisição pelos indivíduos de um conjunto de habilidades, comportamentos, atitudes e obrigações.

No que diz respeito ao processo de formação das crianças e jovens, é fato que o tempo de exposição à televisão é maior do que o destinado à escola, ou a qualquer outra instância de socialização mais tradicional. Sobre essa assiduidade das crianças e jovens em frente à televisão parece não haver mais dúvidas. Alguns resultados de pesquisas revelam que

> 93% das crianças neste estudo têm acesso a um aparelho de TV. A distribuição vai de 99% para o hemisfério norte-ocidental até 83% para a África e Ásia com a América Latina entre esses dois extremos. Nas áreas pesquisadas, a tela praticamente se tornou um meio de comunicação universal. Para as crianças em idade escolar, é a fonte mais poderosa de informação e entretenimento. Nem o rádio, nem os livros apresentam a mesma distribuição global (Groebel, 1999:218).

E ainda:

> A quase totalidade dos jovens pesquisados tem ao menos um aparelho de televisão em casa (97% na Bahia, 98% em Brasília) e uma parte significativa tem mais de um aparelho (31% na Bahia, 51% em Bra-

sília). Esta taxa de equipamento é evidentemente mais elevada entre os alunos de escola particular (47% dizem ter três aparelhos e 86% pelo menos dois) (Belloni, 1992:11).

Assistir à televisão para essas crianças e jovens é também uma questão de fidelidade. "As crianças de todo o mundo passam uma média de três horas diárias na frente da tela com, é claro, um espectro internacional amplo de comportamentos indidividuais relativos ao assistir à televisão" (Groebel, 1999: 218-219). Esse nível de exposição preocupa, pois equivale a mais da metade do tempo gasto com qualquer outra atividade fora da escola.

Em uma escala de projeção, esses meninos e meninas, sujeitos das pesquisas citadas, alcançariam até os 70 anos um índice de permanência diante da televisão entre sete e dez anos. De acordo com os dados do Estudio General de Medios (1998), na Espanha, um total de 96% das crianças entre 4 e 10 anos vêem televisão a cada dia, sendo que 93% assistem mais de três horas diárias em média e, para 56%, ela representa a única atividade em tempo livre (Ferrés, 1996: 8). Assim, uma criança chega à adolescência depois de ter assistido a 15 mil horas de televisão e mais de 350 mil comerciais, contra menos de 11 mil horas de escola (Moran, 1991: 61).

Dessa forma, para as crianças e os jovens, "a telinha tem uma legitimidade, como fonte de saber, semelhante à da escola. É, portanto, reconhecida como ator importante pelos próprios sujeitos desse complexo processo de socialização" (Belloni, 2001: 31). Porém, a mesma autora adverte, ao afirmar que a televisão não substitui a intersubjetividade, sobre a tendência a se exagerar a importância da televisão na vida das crianças. Afirma, ainda, que a televisão apresenta as ferramentas (os conteúdos) pelas quais as crianças constroem suas condições de interação com os adultos e entre si:

> [...] As mensagens da telinha são integradas aos jogos e brincadeiras, em que se manifestam as identificações, a distribuição de papéis e a discussão das regras do jogo, durante o qual se estabelece um complexo jogo de relações intersubjetivas de extrema importância para o desenvolvimento socioafetivo das crianças. Também na família, nas quais os dramas dos folhetins televisuais servem muitas vezes como

> pretexto para a discussão de problemas-tabu (sexualidade ou drogas por exemplo), os significados do discurso televisual são reelaborados, incorporados pelos jovens em seus hábitos, seu discurso e [seus] comportamentos (Belloni, 2001: 34).

A propósito, recolhemos um trecho da pesquisa realizada por Gilka Girardello, que revela a fala de crianças e adolescentes de uma localidade afastada na ilha de Florianópolis a respeito de como a televisão é essencial para a idéia que fazem do mundo:

> Os dois lugares do mundo citados com mais freqüência pelas crianças foram *"São Paulo"* e *"Estados Unidos"*. Esses foram os lugares que mais vezes serviram para representar a origem do que as crianças viam na tevê e não sabiam direito onde tinha acontecido. Já vimos que quando perguntei a Wagner onde era feito o desenho *Cavaleiros do Zodíaco* ele respondeu: *"Ah, não sei, acho que é em São Paulo"*. Outro dia, perguntei a um grupo de meninos qual era na opinião deles a maior desgraça do mundo. Três deles responderam com segurança, um atrás do outro: *"Terremoto"*. Já Wagner disse que era *"Na favela"* e Maycon acrescentou: *"Na Baixada Fluminense cada dia três ou quatro morrem"*. Perguntei onde ficava a Baixada Fluminense e ele respondeu: *"Ah, não sei. Lá pra São Paulo"* (Girardello, 2001: 191).

Ao investigar a estrutura básica da forma como as crianças imaginam o mundo em que vivem, pelo contato com as mensagens televisuais — "para a maioria das crianças não parece fazer diferença se um fato ocorreu no Japão ou em São Paulo, é tudo 'sei-lá onde' (id., ibid., 190-191)" —, Girardello enfatiza o caráter quase sempre impreciso dessas mesmas visões de mundo.

De todo modo, a televisão funciona como uma espécie de "janela para o mundo" (Belloni, 1992: 2), ao ampliar o repertório cultural das crianças e dos jovens e ao apresentar a eles os valores, as normas e os modelos de comportamento presentes no mundo dos mais velhos, compondo um cenário que revela sua importância no processo de socialização das crianças e dos jovens.

> Este processo consititui um poderoso fator de reprodução social e um mecanismo eficaz de controle. A sociedade perpetua-se através de

> um amplo processo de transmissão da cultura: o saber acumulado (a ciência e a técnica), os valores, as representações e as normas coletivas (as estruturas simbólicas) são apresentados às crianças e adolescentes como imagens e modelos idealizados. A criança vai incorporando estas imagens e [estes] modelos em sua experiência, utilizando-se deles em suas interações, aceitando-os ou recusando-os, testando seus próprios limites. A socialização é o resultado destas interações constantes do indivíduo jovem com seu meio ambiente (Belloni, 2001: 32).

A partir dessas interações mediatizadas pela televisão, decorrem dois aspectos que não podem deixar de ser considerados na aprendizagem realizada pela criança mediante esse meio de comunicação: a mensagem é sempre de mão única e pode ser compartilhada por todas as crianças, "fazendo com que se sintam em uma mesma posição graças ao mesmo conhecimento partilhado que utilizam para se comunicar" (Merlo-Flores, 1999: 204). Assim, a televisão também assume o papel de nivelador social, ao mesmo tempo que a aprendizagem também torna-se "mais superficial, pois os elementos usados são incidentais, e o processo acontece inconscientemente, sem senhuma intenção manifesta de aprendizagem" (id., ibid.) Ainda segundo Merlo-Flores, essa aprendizagem sutil, pela leitura "entre as linhas", pode afetar o discurso, os gestos, as atitudes, os hábitos gerais e, a longo prazo, a cultura.

Essa "subcultura televisiva" (Merlo-Flores), que se bate constantemente contra os agentes socializadores tradicionais — fundamentalmente, a família e a escola —, atinge como um raio as crianças e as coloca "em contato com situações psicologicamente complexas que elas ainda não têm capacidade para compreeender e dominar, muitas vezes causando conflitos" (Belloni, 1992. 3).

O inglês David Buckingham, um dos mais respeitados pesquisadores no campo das relações entre criança e televisão, relata como as crianças são capazes de fazer julgamentos críticos sofisticados sobre o que assistem na televisão, porém, ao mesmo tempo, podem ser afetadas por conteúdos mais perturbadores. Ele dá um exemplo clássico:

> Algumas crianças são fascinadas por filmes de terror. Elas podem conversar com você sobre os efeitos especiais e todas as regras do

gênero. Mas ao mesmo tempo em que têm prazer sentem medo, ou ficam perturbardas por aquilo (http://www.aurora.eps.ufsc.br/buckin4.htm, acesso em 11-7-2001).

De acordo com Buckingham, as crianças são espectadoras sofisticadas, mas também são afetadas pelos filmes, tanto positiva como negativamente. Para ele, as duas reações vêm juntas: "Assim como o melodrama: dá prazer, mas também faz você ficar triste, aflito" (id., ibid.) Essa situação pode conduzir o telespectador a uma fuga de sua própria realidade, "na medida em que ele projeta suas tensões — e tem impressão de vivê-las — nos personagens fictícios" (Belloni, 1999: 3). Merlo-Flores (1999: 205), por sua vez, esclarece que, segundo seus estudos, esse tipo de "identificação" ocorre em todas as crianças com algum tipo de conflito na família, fato que confirma a hipótese trabalhada por Belloni de que "o maior ou menor grau de envolvimento efetivo com os personagens e situações da telinha — e, portanto, a maior ou menor influência da televisão — vai depender de inúmeros fatores que compõem o universo de socialização dos jovens" (1992: 3).

Assim, por "imitação" ou "identificação", a aprendizagem das crianças por meio da televisão se realiza. "As mensagens televisuais atuam por impregnação, agindo sobre o inconsciente e o imaginário — como num devaneio onírico, que distrai e cativa a pessoa, paralisando por assim dizer sua capacidade de ação e reflexão", completa Belloni (1992: 3) Por outro lado, a própria criança seleciona e integra personagens e programas favoritos de acordo com suas necessidades. McLuhan (1987), citado por Merlo-Flores (1999: 205), deixou claro em sua vasta obra que a TV proporciona uma experiência bastante ativa e participante; a criança é sempre, na realidade, o produtor de TV associado. Para ele, qualquer informação obtida precisa ser completada pelo observador. Ou seja, de acordo com o "papa da comunicação", as crianças completam, com sua própria realidade, o que a televisão lhes oferece.

Essa "necessidade de conhecer a 'vida como ela é' através do espelho fiel que seria a televisão" (Belloni, 2001) pode ser considerada um dos fatores que explicam o fascínio das crianças e jovens por mensagens e imagens violentas na tela da televisão. O sucesso da violência midiática entre os jovens, porém, não é de fácil elucidação. Concorre para isso uma série de fatores e condicionantes que não podem ser analisados isoladamente. Em decorrência disso, propomos, a seguir, uma discussão sobre aspectos éticos e estéticos que permeiam — e, ao mesmo tempo, confundem-se — a relação dos jovens com a mídia eletrônica. O propósito aqui é tentar entender o *porquê* e *para onde* o excesso de imagens violentas "típicas de nossa paisagem audiovisual" (Belloni, 2001: 39) vai conduzir as novas gerações.

O espetáculo da violência na televisão

As pessoas, de uma maneira geral, exageram os efeitos do espetáculo da violência na televisão. Ou seja, amplificar os efeitos dos meios de comunicação é comum entre adultos, que chegam a negar esses efeitos sobre si próprios: "as crianças são influenciadas, eu não sou", ou "as crianças são mais influenciáveis do que os adultos", e assim por diante.

De qualquer forma, vivemos em uma sociedade comprovadamente violenta. Se a violência que aparece na televisão pode não ser, de acordo com as conclusões de mais de quarenta anos de pesquisas na área em todo o mundo, o único motivo comprometido com o comportamento violento entre crianças e jovens, as mesmas investigações alertam: existe uma relação entre a violência na televisão e o comportamento agressivo. No entanto, Wartella et al. (1999: 64), em relato de estudos de pesquisas conduzidos nos Estados Unidos a respeito dos efeitos da violência na televisão sobre os espectadores, esclarece que

> nenhum estudo aponta ser a violência na mídia o único, ou mesmo o mais importante, fator que contribui para o comportamento violento. Além disso, não é todo ato de violência na mídia que traz preocupação, nem toda criança ou adulto que são afetados. No entanto, há clara evidência de que a exposição à violência na mídia contribui de forma significativa para a violência no mundo real.

Algumas teorias pretenderam explicar a relação entre a violência na televisão e a agressão entre pessoas (interpessoal). Destacamos:

a teoria catártica de Feshbach (Feshbach e Singer, 1971); a teoria da agressão reativa de Berkowitz (1970) e a teoria associacionista desse mesmo autor (Berkowitz e Rogers, 1986); a teoria da aprendizagem social (Bandura, 1971); e a teoria sobre os meios como "cultivadores"de crenças sobre a realidade social (Gerbner, 1969; Gerbner et al., 1994) (http://www.aacs.pt/violencia_tv/, acesso em 21-7-20001; Wartela et al., 1999).

Esses marcos teóricos influenciaram centenas de estudos de campo e investigações mais amplas que apontam as conseqüências de se assistir a agressão na televisão, exclusivamente, no comportamento de crianças e jovens. Em contraposição, surgem na esteira dos "estudos culturais" britânicos e "estudos de recepção" de tradição latino-americana abordagens teórico-metodológicas que levam em conta as significações construídas (e transmitidas) pela televisão por meio de seu aparato técnico/estético e do conteúdo de suas mensagens. Tais estudos centralizam suas análises, principalmente, na maneira como as crianças e os jovens se apropriam e reelaboram o discurso (como um todo) da telinha. Assim, as diferentes visões, por exemplo a respeito da violência, que os jovens extraem das mensagens da televisão são analisadas sob dois pontos de vista: o ético (dos significados, dos conteúdos, da construção dos valores) e o estético (das narrativas, das técnicas e das linguagens).

O debate sobre a violência na televisão aqui proposto, portanto, não incide na diferença entre a violência sofrida (efeito) e a violência cometida (passagem ao ato), antes admite que, na relação da criança com a televisão, são produzidos novos modos de sociabilidade como também uma série de efeitos sobre a subjetividade. Ou seja, os sujeitos aqui mencionados (as crianças e os jovens) — indivíduos racionais e emancipados — apropriam-se das estruturas imaginárias e simbólicas (valores, símbolos, modelos de comportamento etc.) fornecidas pela mídia a fim de elaborarem o "real".

As representações da violência como estilo estético, veiculadas por programas de televisão ou imagens cinematográficas contemporâneas, estão presentes, por exemplo, no escárnio e na zombaria dos filmes de Q. Tarantino (*Pulp Fiction*) e J. Woo (*O Matador*) ou nos enredos de desenhos animados (*Rambo*, *Power Rangers*) de aventura que apresentam a violência como meio "natural" de resolução de conflitos. A repetição e o uso abusivo de figuras de estilo como as mencionadas, recorrentes nas imagens da TV e do cinema, provocam no espectador a tendência a banalizar (considerar engraçadas) as cenas mais pesadas de terror e iniqüidade. Da mesma forma, as narrativas que apresentam a violência como existindo naturalmente extrapolam o domínio da estética, pois, segundo Mongin (1988: 15), os cineastas que abusam da estética da violência, "ao pretenderem que a realidade excede tudo o que o cinema pode mostrar, ao mesmo tempo que se permitem todas as abjeções, absolvem-se cuidadosamente de toda a responsabilidade ética".

Nessa dimensão (ética) do problema, não está em jogo, para Mongin, apenas a intensidade da violência na tela. Ele questiona então:

> A violência na tela não estará prestes a enganar-nos, fazendo-nos crer que pouco podemos contra o mal de cuja ação violenta não é separável? Ao não fazer a diferença entre a violência cometida e a violência sofrida, entre assassinos e vítimas, entre carrascos e aqueles cujos corpos ficaram reduzidos a pedaços de carne, ao satisfazer-se com a idéia de que somos todos assassinos potenciais capazes de "passar aos atos" monstruosos, não se estará a admitir que o mal é uma fatalidade e que a hierarquia do bem e do mal é uma história demasiado velha, uma fábula para se dormir de pé... frente a tela? (Mongin, 1998: 15)

Para Belloni (2001: 36), as representações (reais e fictícias) da violência repetida sem cessar na televisão "acabam construindo uma realidade (virtual e longínqua) cheia de guerras, explosões, brigas e mau-caratismo que obscurece a compreensão da realidade imediata (material, de fato), cujos problemas e situações concretas demandam nosssa atenção e atuação".

Este é um cenário típico, comum a crianças — principalmente às menores — e destacado em diversas pesquisas. Ao relacionar formas de escapismo como compensação dos problemas reais das crianças, um estudo da UNESCO (1996-1997), realizado em 23 países, mostrou como os heróis da mídia são usados como "modelos" pelas crianças: "Para os meninos, são os modelos agressivos (30% dão o nome de um herói de ação); para as meninas, estrelas do mundo pop e músicos. Há diferenças regionais no que se refere aos heróis favoritos: na Ásia, os heróis de ação ocupam a posição mais alta (34%), o oposto acontece na África (18%), com a Europa e as Américas em posição intermediária (25% cada uma)" (Groebel, 1999: 219).

Um estudo exploratório brasileiro, denominado "laboratório de televisão", realizado em Brasília, em 1987, ao analisar o discurso de um grupo de 90 crianças (8 a 16 anos), a partir do visionamento de episódios do desenho animado *Rambo*, abordou como as crianças compreendem e incorporam os valores morais mais freqüentes nas mensagens, e assinalou que "as crianças identificam claramente os valores morais apresentados pela história e incorporam a moral social aí explicíta, que recompensa a coragem na defesa dos fins nobres" (Belloni, 1988: 39).

Ou seja, as crianças identificam-se totalmente com o super-herói que defende o "bem", apesar do uso ostensivo e explícito da violência. Na luta contra o "mal", não importam os meios, o "bem" triunfará. "Podemos perceber um efeito de legitimação de comportamentos e meios violentos desde que usados para a defesa de fins considerados socialmente positivos", conclui Belloni (id., ibid.). Esse estudo apontou, no entanto, que algumas crianças (15%) — ao contrário da maioria totalmente identificada com o super-herói em pauta (Rambo), portanto com o "bem comum" — demonstram preocupações individualistas, em que "os fins egoístas justificam meios violentos" (id., ibid.).

A pesquisa global da UNESCO, por exemplo, demonstrou que o ato de ver violência na mídia pode levar a dessensibilização emocional em relação à violência do mundo real e às suas vítimas.

Com o passar do tempo, mesmo aqueles espectadores que inicialmente reagem com horror à violência na mídia podem se habituar a ela ou se sentir mais psicologicamente confortáveis, uma vez que vêem determinado ato de violência como menos grave e podem avaliar a violência na mídia de forma mais confortável (Wartella et al., 1999: 67).

Por outro lado, como a violência é apresentada como única explicação para resolução dos conflitos — "como necessária à manutenção da ordem social" (Belloni, 1988: 39) —, os estudos revelam a introjeção pelos espectadores — em especial entre as crianças — de certa naturalização da violência. Ou seja, para vencer o mal que ameaça a sociedade, a televisão fabrica seus heróis destemidos e fortes, sempre dispostos a demonstrar que o uso da agressão é imprescíndivel ao propósito de vencer o inimigo, representado, é claro, como do "mal".

Nesse contexto, onde criança/jovem e televisão estão envolvidos, uma reflexão necessária, nos parece, diz respeito ao significado moral que crianças e jovens extraem da relação com o meio televisivo. Ou seja, pais, educadores e estudiosos do assunto deverão estar atentos ao tipo de aprendizagem de modelos de atitudes/comportamentos e introjeção de valores que a exposição a mensagens com conteúdos violentos exercem nas crianças e jovens. Com a ressalva, demonstrada pelas pesquisas em geral, de que a exposição freqüente a essas mensagens não provoca necessariamente comportamentos agressivos.

O juízo moral nas crianças, segundo Piaget

Os estudos sobre o desenvolvimento moral das crianças realizados por Jean Piaget nos conduzem na análise de alguns aspectos das questões morais propostas — "presentes, explícitas e às vezes enfatizadas" (Belloni, 1991: 285) — nos programas televisuais assistidos por crianças e jovens. Portanto, entraremos em contato em nossa pesquisa com uma fase do desenvolvimento moral desses jovens denominada por Piaget "moralidade autonôma", isto é, quando

> A criança (a partir de 10, 12 anos) amadurece e interage com seu meio ambiente e reconhece progressivamente a especificidade das relações sociais que a rodeiam. Ela aprende a vê-las como o resultado de um consenso. Ela aprenderá mais tarde que estas regras não são imutáveis, mas impostas como modelos de comportamento e que a validade delas depende também de sua própria aprovação (Piaget, apud Belloni, 1991: 289).

Após analisar como as crianças, progressivamente, vão passando da anomia para a heteronomia e da heteronomia para a autonomia, Piaget conclui que a única solução é o *acordo mútuo*, o compromisso mútuo, a vigilância mútua, a discussão entre os iguais, a liderança emergencial. Para ele, durante esse processo, a criança passa por níveis progressivos de tomada de consciência. É durante a adolescência que a criança se dará conta do caráter obrigatório da norma e de sua origem: o consenso (Lima, La Taille).

Piaget afirma ainda que "o acordo consigo mesmo (equilibração pessoal) resulta do acordo com os demais", porque, afinal, o indivíduo vive num contexto social (todo desenvolvimento, tanto ontogênico como filogenético, é necessariamente uma socialização, e a socialização não é senão o equlíbrio nas relações mútuas sem um "regulador" — chefe — interno que resolva os conflitos). Concluindo, para Piaget, os estágios da moralidade infantil são construídos lenta e progressivamente na interação constante com o mundo exterior, ao qual a criança ajusta suas ações e representações e ao qual ela se adapta (Lima, La Taille).

Porém, na medida em que a televisão concorre com a família e com a escola, como já vimos, ao posto de principal agente de socialização e formação de nossas crianças e nossos jovens, torna-se urgente que pais, professores e comunicadores procurem entender e avaliar como esse meio atua "fornecendo modelos de comportamento e princípios morais socialmente desejáveis" (Belloni, 1988: 37). Utilizar o próprio discurso dos principais protagonistas — as crianças e os jovens — desse enredo complexo e cheio de nuances é o caminhos trilhado por pesquisas latino-americanas recentes (Belloni, 1988, 1994; Merlo-Flores, 1994, 1996; Girardello, 1998), incluindo nessa problemática a discussão de outros fatores cognitivos, culturais e situacionais que também influem na aprendizagem de comportamentos agressivos por parte das crianças e dos jovens.

Conclusão

Desenvolvemos neste artigo, ainda que em caráter introdutório, a idéia, decorrente de várias investigações e referências teóricas, de que a televisão concorre com a família e com a escola no processo de socialização das crianças e dos jovens. Concorre, ressaltamos mais uma vez, porém ainda não ocupa todos os espaços nessa batalha.

Apontamos também que, a partir de sua relação com as mensagens televisuais, as mesmas crianças e jovens elaboram e internalizam seu juízo moral sobre o uso da violência e a defesa dos valores socialmente dominantes, esses identificados com o "bem", contra as forças aniquiladoras do "mal".

Vimos também que, ao analisar a "fala" desses sujeitos, diversos estudos assinalaram que eles justificam a violência, presente na ação de seus heróis televisivos, como meio legítimo de resolver conflitos, desde que apresentada em defesa de fins considerados "nobres".

Enfim, podemos extrair dessa discussão diversos apontamentos que sirvam de pistas para desenvolver nossas reflexões a respeito dos processos de formação e construção de valores e emoções mediados pelos meios de comunicação, aqui discutindo com mais ênfase a influência da televisão no processo de socialização e formação de crianças e jovens.

Não podemos, porém, perder de vista e deixar de incluir na reflexão atual sobre a identidade e a cidadania — encontrada em autores tão diversos como Canclini (1999), Hall (1988), Barbero (1987), Giddens (1991), Buckingham (2000) — as vozes dos verdadeiros protagonistas desse espetáculo midiático proporcionado pelas imagens televisivas: as crianças, os adolescentes e os jovens, únicos sujeitos capazes de revelar aos pais, educadores e comunicadores as verdadeiras facetas (positivas ou negativas) dos meios de comunicação.

Entre o "bem" e o "mal" na TV, suas vozes nos lembram constantemente que os meios de comunicação não são os únicos universos específicos de aprendizagem e socialização que lhes restam. Eles desconfiam da mídia — conforme aponta o estudo exploratório realizado por Goidanich (2001, neste livro) — e ao mesmo tempo reconhecem na família e na escola — em plena vigência da sociedade do espetáculo — legitimidade suficiente para continuarem a exercer seu papel de principais agentes de socialização e formação.

Bibliografia

ADORNO, Theodor W. (2000), *Educação e emancipação*. São Paulo, Paz e Terra, 2ª ed.

ADORNO, Theodor, HORKHEIMER, Max (1982), A indústria cultural. O iluminismo como mistificação de massas, in *Teoria da cultura de massa*, São Paulo, Paz e Terra, pp. 159-205.

BELLONI, Maria Luiza (1988). *Estética da violência*. São Paulo, ECA/USP, Comunicação e Educação, n. 12.

_________ (1992), *O papel da televisão no processo de socialização*. Brasília, UNB, série Sociologia, n. 89.

_________ (2001), *O que é mídia-educação*. Campinas, Autores Associados.

COELHO, Teixeira (1991), O imaginário da morte, in *Rede imaginária. Televisão e democracia*. São Paulo, Cia. das Letras, 2ª ed.

EISENSTEIN, Serguei (1987), *Memórias imorais: uma autobiografia*. São Paulo, Cia. das Letras.

FERRÉS, Joan (1998), *Televisão e educação*. Porto Alegre, Artmed.

GIRARDELLO, Gilka (2001), "Aqui" e "Lá": crianças do "fim-do-mundo" e o mundo pela TV, in *Palco, tela e página*. Florianópolis, Insular.

GROEBEL, Jô (1999), O estudo global da UNESCO sobre violência na mídia. Relatório apresentado ao diretor-geral da UNESCO, in *A Criança e a violência na mídia*. São Paulo, Cortez; Brasília, UNESCO, pp. 217-239.

LA TAILLE, Yves de (1992), *Piaget, Vygotsky, Wallon: teorias psicogenéticas em discussão*. São Paulo, Summus.

LIMA, Lauro de Oliveira (1973), *Mutações em educação segundo McLuhan*. Petropólis, Vozes.

_________ (1980), *Piaget para principiantes*. São Paulo, Summus.

MERLO-FLORES, Tatiana (1999), Por que assistimos à violência na televisão? Pesquisa de campo argentino, in *A criança e a violência na mídia*. São Paulo, Cortez; Brasília, UNESCO, pp. 187-216.

MATTELART, Armand e Michèle (1997), *História das teorias da comunicação*. Porto, Campo das Letras.

MONGIN, Olivier (1998), *A violência das imagens*. Lisboa, Editorial Bizâncio.

MORAN, José Manuel (1993), *Leituras dos meios de comunicação*. São Paulo, Pancast.

ROCHA, Ana Luiza Carvalho, ECKERT, Cornélia (1999), Imagens de violência e jogos perigosos, vulgarização da barbárie ou projeções de cenas sociais?, *Revista do GEEMPA* n. 7, Porto Alegre.

ROTHER, Rainer (1999), *Die verfuhrung dês talents* [A sedução do talento], Berlin, Henschel.

SANTAELLA, Lucia (2001), *Comunicação e pesquisa*. São Paulo, Hacker Editores.

WARTELLA, Ellen et al. (1999), A criança e a violência na televisão nos EUA, in *A criança e a violência na mídia*. São Paulo, Cortez; Brasília, UNESCO, pp. 61-69.

ZUIN, Antônio Álvaro Soares et al. (2001), *Adorno. O poder educativo do pensamento crítico*. Petropólis, Vozes.

Computador na escola: novas tecnologias e inovações educacionais

Nilza Godoy Gomes

Introdução

Se o século XX pôde ser caracterizado como o século da produção industrial de massa, o século XXI inicia com a ênfase na sociedade da informação e do conhecimento. Essas transformações tornaram-se possíveis graças aos avanços técnico-científicos que nos atingem a grande velocidade, provocando expressivas alterações no modo de vida de uma parcela significativa da sociedade, embora com ritmos diferenciados para cada segmento da população. As novas demandas da sociedade, então, passam a exigir da escola a formação de cidadãos preparados para conviver na sociedade do conhecimento e da tecnologia. A reflexão que precisamos fazer é sobre como a humanidade tem se apropriado dessas inovações e se seus benefícios são extensíveis a todas as camadas da população.

Nesse sentido, lembramos que uma parcela de estudantes já chega à escola com habilidades para a utilização de muitos dos recursos informáticos e comunicacionais, enquanto grande parte das crianças se encontra à margem desse processo. O acesso igualitário às tecnologias de informação e comunicação para todo o conjunto de estudantes é a meta almejada, se acreditamos que elas podem ser empregadas para a melhoria da qualidade da educação.

Somente a utilização dos recursos das tecnologias de informação e comunicação pela escola não garante mudanças na qualidade da educação. É necessário repensar os paradigmas existentes para a adoção de novas práticas educativas.

Entendemos que uma educação de qualidade, que contribua efetivamente para a formação de cidadãos capazes de construir uma sociedade melhor, mais justa e igualitária, precisa atender algumas destas necessidades:

- Ensino de qualidade para impedir que aumentem as defasagens entre os que já possuem e os que não possuem acesso ao conhecimento e à informação.
- Desenvolvimento de múltiplas habilidades, tais como: fazer escolhas, tomar decisões, fazer análises globais, interpretar, pensar estrategicamente, formando indivíduos para profissões cujas atividades variam e se transformam rapidamente.
- Construção de atitudes e valores que favoreçam a autonomia e a cooperação entre os indivíduos na busca de soluções para a sociedade do futuro.
- Formação de usuários criativos, críticos e responsáveis para a apropriação das tecnologias de informação e comunicação cada vez mais presentes na sociedade.

Tecnologias de informação e comunicação na escola... novas formas de aprender?

O contexto em que nos encontramos, no qual a cultura é transformada em produto de consumo (mercadoria), percebida pela fragmentação e pela desterritorialização do tempo e do espaço, obriga-nos a pensar sobre que papel a educação poderá desempenhar neste momento, uma vez que ela perdeu seu lugar como a única difusora do conhecimento.

Canclini (1998: 73) chama esse processo de hibridização de culturas, nas quais existiria uma mescla de manifestações modernas e alheias ao local, pasteurizadas pelos meios de comunicação de massas, onde "o modernismo não é expressão da modernização socioeconômica, mas o modo como as elites se encarregam da interseção de diferentes temporalidades históricas e tratam de elaborar com elas um projeto global".

É neste contexto de "culturas híbridas" que se situa a educação. Em algumas de nossas escolas, não chegou totalmente nem a era da comunicação escrita — o que é visível pela precária ou inexistente biblioteca. Nelas, alunos das séries mais avançadas do Ensino Fundamental ainda não foram completamente alfabetizados, enquanto outras estão sendo invadidas pelos mais modernos recursos informáticos e comunicacionais.

A escola, como parte da sociedade, precisa estar preparada para acompanhar e participar das transformações em curso pela introdução dos recursos informáticos e comunicacionais cada vez mais numerosos e velozes que passam a integrar o dia-a-dia dos cidadãos.

Isso não significa acreditar na visão ingênua dos que consideram que o progresso e as transformações, pelos quais clamam setores marginalizados da sociedade, ocorrerão somente pela educação, porém entendemos que, para muitos, a escola é a única porta de acesso ao conhecimento formalmente construído pela humanidade e espaço para formação da sensibilidade (ética e estética) e da cidadania. Ela representa a possibilidade para o educando de apropriar-se do conhecimento elaborado e também de ter acesso aos novos recursos tecnológicos e comunicacionais que uma parcela de crianças já possui mesmo sem freqüentá-la.

A utilização dos novos recursos comunicacionais e informáticos não deve ser encarada como mais uma novidade, mas como uma possibilidade para que alunos e professores assumam o papel de sujeitos críticos, criativos e construtores de seu próprio conhecimento. Se assim não for, correremos o risco de utilizar recursos inovadores de maneira tradicional, como nos alerta Mário Kaplun (1999: 69), parafraseando Paulo Freire: "estarão sendo empregados nos velhos moldes da educação bancária, apenas numa versão moderna de caixa automático". Ou mesmo para não transformarmos os computadores em "caros acumuladores de poeira" e "livros eletrônicos sofisticados", utilizados basicamente para exercício de repetição e prática (Sandholtz, Ringstaff e Dwyer, 1997: 163).

A reflexão sobre essas questões é pertinente principalmente se levamos em consideração que grande parte das escolas particulares já está utilizando computadores e que as escolas públicas contam com um Programa do Ministério da Educação para a informatização das escolas do ensino fundamental, o ProInfo — Programa Nacional de Informática na Educação. As escolas que atendem portadores de necessidades educativas especiais também contam com um projeto de informatização, o PROINESP — Projeto de Informática na Educação Especial.

As metas desses programas são informatizar as escolas públicas e formar professores e técnicos para a utilização dos recursos informatizados de maneira inovadora e inseridos no projeto pedagógico da escola, conforme explicam os objetivos do ProInfo[1]:

(a) melhorar a qualidade do processo de ensino-aprendizagem;
(b) possibilitar a criação de uma nova "ecologia cognitiva" nos ambientes escolares mediante a incorporação adequada das novas tecnologias de informação pelas escolas;
(c) propiciar uma educação voltada para o desenvolvimento científico e tecnológico;
(d) educar para uma cidadania global, numa sociedade tecnologicamente desenvolvida.

Os objetivos estabelecidos pelo ProInfo visam assegurar que os recursos das tecnologias de informação e comunicação (TIC) possam potencializar mudanças para uma educação de qualidade, porque possibilitam para professores e alunos o desafio de enfrentar o novo, em contextos que sugerem alternativas às presentes formas de atuação.

O uso do computador e da telemática[2] pode ampliar os espaços de sala de aula, vencer barreiras de espaço e tempo, servir de

1. MINISTÉRIO DA EDUCAÇÃO E DO DESPORTO. Diretrizes do Programa Nacional de Informática na Educação, 1997. Disponível em http://www.proinfo.gov.br. Acessado em dezembro de 2000.

2. Telemática: utilização combinada dos meios eletrônicos e processamento da informação (informática) com os meios de comunicação a distância (telecomunicações) (Santarosa, 1997: 116).

"próteses cognitivas"[3] para portadores de necessidades educativas especiais, criar ambientes de aprendizagem baseados na cooperação e ampliar as possibilidades de comunicação, contribuindo, dessa forma, para o aperfeiçoamento do processo de aprendizagem. Como isso é possível?

O uso do computador e os recursos das TIC a ele associados podem acontecer de duas maneiras:

1. para tornar mais fáceis as rotinas de ensinar e aprender; nesse caso o computador estaria sendo empregado como máquina de ensinar e repetindo os mesmos esquemas do *ensino tradicional*;
2. como organizador de ambientes de aprendizagem em que os alunos são encorajados a resolver situações-problema e o professor é capaz de identificar e respeitar o estilo de pensamento de cada um, ao mesmo tempo em que os convida a refletirem sobre o seu pensar (pensamento reflexivo); neste caso o ensino estará sendo *inovador*.

Quando falamos em propostas criativas e transformadoras, contudo, não estamos nos referindo apenas aos modos como se utilizam as TIC; para além disso, esse tipo de proposta compreende uma postura diferente diante das concepções sobre ensino–aprendizagem.

Os fundamentos teóricos dos processos de aprendizagem envolvidos na utilização das TIC de maneira inovadora, conforme Almeida (2000), estão ancorados nas teorias de John Dewey (aprendizagem ativa), Jean Piaget (epistemologia genética), Paulo Freire (educação libertadora) e Lev S. Vygotsky (pedagogia histórico-crítica).

Para Piaget, o desenvolvimento cognitivo está baseado na construção de estruturas lógicas, explicadas por mecanismos endógenos, a partir dos quais o sujeito constrói a realidade a partir de suas expe-

3. "[...] todo o processo de intervenção sobre os portadores de necessidades especiais visando seu desenvolvimento cognitivo, sócio-afetivo e de comunicação utilizando os recursos da Informática. [...] refere-se aos ambientes de aprendizagem/desenvolvimento computacionais ou informatizados, criados com a finalidade de intervir sobre processos e estruturas mentais do indivíduo portador de necessidades especiais" (Santarosa, 1997: 118).

riências com o meio físico (interacionismo), gerando mecanismos de "constituição da relação sujeito/objeto, processos de equilibração cognitivos, contradição, tomada de consciência, tematização e generalização que se prolongam do desenvolvimento até a aprendizagem" (Castorina, 1996: 18).

Piaget entende que o processo de aprendizagem depende do desenvolvimento do indivíduo. O desenvolvimento cognitivo é explicado como uma sucessão de estágios e subestágios caracterizados pela forma como os esquemas — de ação ou conceptuais — se organizam e se combinam entre si, formando estruturas. A aprendizagem deverá ser medida em relação às competências cognitivas que cada estágio oferece; as possibilidades de aprendizagem do sujeito são indicadas pelos vários estágios (Coll, Palacios e Marchesi, 1996: 106,107).

Vygotsky não desconsidera a importância da maturação biológica para a competência de aprender. Contudo, aponta a íntima relação entre estes dois fatores: desenvolvimento e aprendizagem, ou seja, a inter-relação entre fatores biológicos e interação social, em que a linguagem tem um papel essencial para o desenvolvimento humano. Para esse autor, o desenvolvimento e a aprendizagem não são mecanismos paralelos. O processo de desenvolvimento seguese ao de aprendizagem.

As contribuições de Vygotsky e Piaget sobre desenvolvimento e aprendizagem permitem compreender a influência do meio cultural e a interação social como fatores essenciais para o desenvolvimento cognitivo. Nesse sentido, os ambientes de aprendizagem mediados pelas TIC favorecem as trocas sujeito–sujeito, apontando o importante papel que o mediador deverá desempenhar nos processos de aprendizagem.

A mediação é um dos conceitos fundamentais da teoria sociocultural.

Enquanto sujeito do conhecimento o homem não tem acesso direto aos objetos, mas um acesso mediado, isto é, feito mediante recortes do real operados pelos sistemas simbólicos de que dispõe (Oliveira, 1999: 26).

Ela ocorre pelo uso de ferramentas e de signos (lingüísticos e não-lingüísticos) possuidores de significado. Assim, o pensamento humano se forma mediante a aquisição, o uso e o domínio de instrumentos mediadores de origem cultural.

A participação do professor ou de um colega mais experiente como mediador possibilita ao aluno desenvolver e utilizar estratégias de exploração e descoberta, assim como de planejamento e controle da própria atividade.

Uma vez aprendidas tais estratégias, elas ficam integradas aos esquemas de conhecimento, de tal maneira que sua significatividade e funcionalidade dependem da riqueza desses esquemas, dos elementos que os conformam e das relações que mantêm entre si (aprender a aprender) (Coll, 1996: 399.)

Assim, o professor é o principal ator de qualquer processo de mudança na escola. Para que haja mudanças na qualidade do ensino é necessário que ele perceba com clareza suas concepções sobre a educação, o que acha significativo para melhorar esse processo, e só então analise de que modo as diversas tecnologias poderão auxiliá-lo.

A utilização de recursos ou propostas inovadoras pelos professores também exige que eles sejam capazes de assumir uma nova postura.

> Para enfrentar estes desafios o professor terá que aprender a trabalhar em equipe e a transitar com facilidade em muitas áreas disciplinares. Será imprescindível quebrar o isolamento da sala de aula convencional e assumir funções novas e diferenciadas. A figura do professor individual tende a ser substituída pelo professor coletivo. O professor terá que aprender a ensinar a aprender (Belloni,1999: 17).

Certamente, o maior desafio é como preparar o professor que está sendo chamado a incorporar os recursos das TIC em seu fazer pedagógico. De acordo com Mercado (1999. 90),

> É muito difícil, através dos meios convencionais, preparar professores para usar adequadamente as novas tecnologias. É preciso formá-los do mesmo modo que se espera que eles atuem no local de trabalho, no entanto, as novas tecnologias e seu impacto na sociedade são aspectos pouco trabalhados nos cursos de formação de professores, e as oportunidades de se utilizá-las nem sempre são as mais adequadas à sua realidade e às suas necessidades.

Investir na formação e na preparação do professor para assumir novas competências em uma sociedade cada vez mais impregnada de tecnologias é o primeiro passo para a utilização coerente de novos recursos tecnológicos na direção do que se acredita fundamental na educação — a construção do conhecimento.

Mesmo com as modificações que aconteceram na escola por conta das transformações da sociedade, inclusive pela concepção de novas metodologias fundamentadas em teorias construtivistas e socioconstrutivistas, os avanços alcançados pela educação escolar ainda são pouco significativos, limitando-se a experiências bem-sucedidas em alguns locais. De modo geral, não conseguimos "avançar", "dar o salto qualitativo", quebrando a relação hierárquica na qual o professor repassa informações, o aluno as recebe e as reproduz.

Nessa perspectiva, a escolha da modalidade de uso do computador em uma situação de ensino-aprendizagem passa pela proposta pedagógica que o professor assume ou a escola possui, que nada mais é do que o resultado da reflexão sobre sua prática e suas concepções educacionais.

Modalidades de uso da informática na educação

Como explicamos acima, os recursos das TIC podem ser utilizados a partir de duas concepções antagônicas: a primeira, apenas numa proposta modernizadora, ou seja, recursos sofisticados empregados para objetivos e metodologias tradicionais de ensino; e a segunda na perspectiva de que esses recursos podem potencializar novas possibilidades na construção de ambientes de aprendizagem que permitam aos estudantes "aprendizagens significativas, onde o educando possa construir sua identidade, seu projeto de vida, desenvolvendo habilidades de compreensão do seu mundo imediato e também do futuro para tornarem-se [sic] cidadãos realizados e produtivos" (Moran, 2000).

Seymour Papert (1985, 1994), pesquisador do Massachusetts Institute of Technology — MIT, criou uma linguagem de programação — o LOGO — baseada em princípios da inteligência artificial que permite a programação do computador utilizando comandos em linguagem natural.

Para explicar sua proposta de uso da linguagem LOGO, ele descreve duas abordagens que caracterizam o ensino: o instrucionismo (a aprendizagem acontece da melhor forma quando ela é reforçada) e o construcionismo (a aprendizagem é entendida como um processo reflexivo que transforma as informações em novos conhecimentos). O **modelo instrucionista** pressupõe que a aprendizagem melhora/aumenta com o "aperfeiçoamento do ensino".

Nessa abordagem, o computador é inserido na escola como mais um recurso disponível, como já ocorreu com outros recursos audiovisuais — TV e vídeo, por exemplo. Não há reflexão sobre como o computador pode contribuir para modificar e criar ambientes de aprendizagem e novas formas de apropriar-se do conhecimento. O programa de ensino é o mesmo, a única diferença é o modo de transmitir informações (por meio do computador) com o uso de softwares do tipo CAI — Computer-Aided Instruction (exercício e prática, tutoriais ou jogos). A escola não precisa modificar suas concepções pedagógicas e nem é exigida nenhuma preparação dos professores. Muitas vezes é contratado um professor especialista em informática e uma nova disciplina é criada (Informática). Essa abordagem está baseada na concepção tecnicista do ensino, isto é, a introdução e a utilização de recursos técnicos são consideradas suficientes para acréscimo de qualidade e inovação.

No **modelo construcionista**, a construção de novos conhecimentos ocorre num processo cíclico que pressupõe *descrição–execução–reflexão–depuração* (Valente, 1993, 1999; Almeida, 2000) de idéias, na busca da solução de uma situação-problema desafiadora, cujo conteúdo seja significativo para quem aprende.

Valente (1993) explica que Papert utilizou o termo *construcionista* para mostrar que a construção do conhecimento pode se dar em outro nível: "O aluno constrói um objeto de seu interesse, como uma obra de arte, um relato de experiência ou programa de computador" (Papert apud Valente, 1993: 33).

Os ambientes de aprendizagem construcionista ou, como denomina Valente (1999), *ambientes interativos de aprendizagem*, proporcionam o uso das TIC como ferramentas para a construção do conhecimento e para o desenvolvimento do aluno.

Segundo essa concepção, podemos dizer que a aprendizagem é um processo próprio, reflexivo e transformador em que idéias, experiências e diferentes percepções são inter-relacionadas e algo novo é criado.

Segundo Morais et al. (1999: 224), o papel das TIC na abordagem construcionista

> [...] desloca-se do paradigma da transmissão da informação, como foram concebidas as máquinas de ensinar, para uma abordagem orientada para os processos comunicacionais reflexivos e de aprendizagem colaborativa que acontecem com e através da tecnologia, atuando como uma expansão da atividade mental do aluno.

Para esses autores, a comunicação mediada por computadores está assentada na abordagem construtivista da aprendizagem, em que o conhecimento é uma construção realizada pelo sujeito e da qual resulta uma interpretação individual da experiência, legitimada pelos processos de interação social, cujas características são: "os alunos trabalham juntos, ajudam-se mutuamente, utilizam ferramentas de sua cultura incluindo linguagem e regras para cultivar o diálogo e a produção do conhecimento" (id., ibid.: 224).

Nesse sentido, o diálogo é o elemento que permeia essas relações. Fatos, indagações, ensaio-erro e comparações estão presentes para alcançar uma solução desejada. A produção oriunda desse processo é compartilhada entre todos os envolvidos de forma crítica, permitindo a correção de concepções equivocadas e ao mesmo tempo conferindo à tarefa de aprendizagem um valor real, como explicam Sandholtz, Ringstaff e Dwyer (1997: 28): "Os alunos precisam ter a sensação de que seu trabalho é importante, que o que eles fazem importa e que outras pessoas ficarão interessadas e se importarão com o que eles descobriram".

Algumas possibilidades de utilização das TIC em ambientes construcionistas podem ser exemplificadas por estas modalidades:

— **Programação ativa**: a programação possibilita ao aluno trabalhar em ambientes abertos, onde ele pode propor e resolver um projeto de seu interesse (programar um *software*, por exemplo). A programação que visa resolver um problema ou desenvolver um projeto permite a descrição dos processos (passos) de pensamento empregados pelo aluno, possibilitando a ele compartilhar e depurar suas idéias com outras pessoas.

Valente (1999: 73) aponta quatro processos envolvidos neste ciclo: a) descrição da resolução do problema em termos de programação; b) execução dessa descrição pelo computador; c) reflexão sobre o que foi produzido pelo computador e d) depuração dos conhecimentos por intermédio da busca de novas informações ou do pensar.

Nas atividades de programação, quando a atividade é realizada em pares ou pequenos grupos, possibilita que cada um contribua com o que melhor sabe fazer visando à realização de um projeto.

A linguagem LOGO, criada por Seymour Papert (1985,1994), foi desenvolvida para ser utilizada com finalidades educacionais. Ela é uma das possibilidades a ser utilizada na modalidade de programação. Seus comandos "amigáveis" permitem que o aluno comunique-se com o computador em linguagem natural. Com a LOGO, os estudantes podem desenvolver projetos nas mais diferentes áreas de interesse, tais como música, artes, matemática, robótica etc.

— **Robótica pedagógica**: A robótica pedagógica pode ser definida como construção de artefatos concretos, manipuláveis, controlados por programas de computador, com a utilização dos mesmos princípios da robótica industrial (Valente, 1999).

A robótica pedagógica favorece o desenvolvimento de estratégias cognitivas que envolvem raciocínio e lógica, ou seja, o aluno aprende mediante seus próprios erros e acertos, investigando, explorando e planejando por meio da construção de algoritmos e programas para controle dos mecanismos criados. Nos ambientes de aprendizagem computacionais essa modalidade pode ser trabalhada pelo desenvolvimento de projetos que envolvam criatividade, aproveitamento de materiais de sucata, estudo e análise de diversas máquinas e mecanismos, processo em que poderão ser utilizados conceitos sobre matemática, física, eletricidade, eletrônica, *design*.

A linguagem LOGO e os *softwares* abertos ou de autoria são programas que podem ser utilizados com a robótica pedagógica. Como exemplo, citamos o Lego-Logo. Ele se baseia em um conjunto de peças Lego que permitem a montagem de dispositivos (máquinas e animais) e em um conjunto de novos comandos Logo que permitem a elaboração de programas que controlam esses dispositivos.

— **Sistemas de autoria**: os *softwares* de autoria são chamados "abertos" porque permitem a construção de materiais utilizando recursos multimídia (textos, hipertextos, sons, imagens, animações), possibilitando ao professor e ao aluno a utilização tanto para a construção de um material instrucional como para a programação de jogos, robótica, *homepages*, jornais virtuais etc. As vantagens dessa modalidade são as possibilidades para o estudante de buscar e reorganizar, continuamente, estruturas de conhecimento representadas por redes associativas de conceitos (Valente, 1999: 57). Como exemplo de *softwares* de autoria podemos citar: Visual Class, Everest, Hyperstudio, Illuminatus.

— **Ambientes telemáticos**: "Telemática é um neologismo que resulta da conotação das palavras Telecomunicações e Informática, significando a utilização combinada dos meios eletrônicos e processamento da informação [informática] com os meios de comunicação à distância [telecomunicações]" (Santarosa, 1997: 116).

O uso de recursos telemáticos permite a integração de computadores em rede, ampliados pela utilização da Internet, para o acesso e a produção de textos, imagens, sons, animação e vídeo (tecnologias multimídia e hipermídia), possibilitando interações sincrônicas e assincrônicas com dois ou múltiplos usuários, pelo acesso a banco de dados, bibliotecas virtuais, correio eletrônico, *chat*, videoconferência, listas de discussões etc.

Esses recursos interativos possibilitam a alunos e professores situados em diferentes espaços geográficos e temporais condições para interagir de forma sincrônica (tempo real) e assincrônica, de forma bidirecional ou multidirecional.

> As TIC, através da comunicação mediada por computador, constituem um meio de expansão das fronteiras da comunicação humana, na medida em que suportam os complexos processos de interação através das redes que constituem a sala de aula virtual, na discussão de temas específicos, na realização de seminários ou no trabalho colaborativo... (Morais et al., 1999: 227).

A telemática possibilita a realização de atividades que favorecem a interação dos estudantes. As atividades podem ser propostas a partir dos interesses do grupo e/ou pela mediação do professor, podendo interagir presencialmente ou a distância.

O ambiente é enriquecido pelas diferentes experiências culturais que cada membro possui, como explica Santarosa (1997: 123): "No contexto de redes, abre-se a perspectiva de trabalhar em grupo, além de ampliar os componentes desse grupo como 'janelas para o mundo' na interação sincrônica e assincrônica com colegas virtuais de vários países e localidades distantes".

— **Modelagem e simulações**: programas computacionais que permitem "criar" situações reais ou hipotéticas para estudar/analisar um determinado fenômeno. A simulação permite que o aluno interfira no fenômeno/objeto, recebendo o *feedback* ou conseqüências de sua intervenção. Como exemplos, podemos citar a administração de uma cidade, o diagnóstico de um paciente, uma experiência de química ou física.

As simulações podem representar ricos ambientes de aprendizagem em que o aluno cria, avalia e reflete sobre sua intervenção e sua tomada de decisão. Além disso, elas permitem a vivência de situações potencialmente perigosas ou muito onerosas para serem realizadas em ambiente real.

— **Solução de problemas**: essa modalidade permite que o aluno, além de resolver determinado problema relacionado com a área de conteúdo que está sendo estudada, também utilize um programa de computador para chegar ao resultado. A linguagem LOGO é potencialmente eficaz para ser utilizada nessa modalidade porque permite o teste das hipóteses com *feedback* imediato, pelo resultado visível na tela. A vantagem é a possibilidade de compreender os diversos "caminhos mentais" percorridos para atingir o resultado desejado.

Além, das modalidades citadas acima, outros aplicativos e utilitários podem ser utilizados, conquanto que sua aplicação não seja um fim em si mesmo. Podemos citar, por exemplo, processador de texto, processadores gráficos, planilha eletrônica e banco de dados. Embora esses aplicativos estejam associados ao modelo instrucional, porque não deixam claro para o aluno e para o professor a descrição (etapas) dos processos cognitivos empregados, eles podem ser utilizados de forma criativa.

Ao analisar os diferentes *softwares* utilizados na educação, Valente (1993, 1999) explica que o processo de aprendizagem não deve estar restrito ao *software*, mas à interação do aluno com o *software*.

A utilização de *processadores de texto* facilita ao aluno expressar suas idéias na linguagem natural (língua materna). Se levarmos em consideração o ciclo descrição–execução–reflexão–depuração–descrição, verificaremos que a execução e a depuração só acontecem em relação à formatação do texto, pois o processador de texto não possibilita executar o conteúdo, nem tampouco fornece *feedback* em relação a ele. Assim, a reflexão só acontece em termos das idéias originais do formato e do resultado apresentado. A utilização de processadores de texto, contudo, pode auxiliar na produção textual, com possibilidades de ampliar para construções coletivas de textos. As ferramentas disponíveis, que favorecem a correção ortográfica, permitem que os estudantes se sintam estimulados a perceber aspectos sintáticos e semânticos de forma adequada, uma vez que seu texto apresenta um "aspecto limpo" e claro, já que o professor não "risca" seus erros. A formatação do texto (tipo de letras, cores, disposição espacial, inserção de gráficos e tabelas) estimula o estudante a escrever de forma mais criativa, refletindo uma produção textual de qualidade mais aprimorada. Os recursos gráficos e de formatação favorecem a elaboração de diferentes materiais, tais como jornais, cartões, cartas, avisos e livros.

Procuramos apontar algumas das modalidades de utilização dos recursos informatizados na educação, tendo claro que a escolha dos recursos e das modalidades a serem utilizados explicitam as concepções teóricas e metodológicas dos professores sobre a educação e os processos de ensino–aprendizagem.

A meta a ser alcançada é a construção de ambientes de aprendizagem computacionais baseados no modelo construcionista, proposto por Papert, cujos pilares teóricos estão assentados nas teorias psicogenética e sócio-histórica, que permitem aos educadores compreender como as tecnologias da informação e comunicação podem conduzir propostas de ensino inovadoras nas quais o papel do professor transcende o de transmissor do conhecimento e a "educação bancária", tão criticada por Paulo Freire, para tornar-se parceiro dos estudantes, comunicador, mediador dos desafios e informações e motivador no processo ensino–aprendizagem.

Bibliografia

ALVAREZ, A., RÍO P., Educação e desenvolvimento: a teoria de Vygotsky e a zona de desenvolvimento próximo, in COLL, C., PALACIOS, J., MARCHESI, A. (orgs.) (1996), *Desenvolvimento psicológico e educação*. Porto Alegre, Artes Médicas, v. 2.

ALMEIDA, Fernando José (1988), *Educação e informática: os computadores na escola*. São Paulo, Cortez.

ALMEIDA, M. E. B. de, Informática e formação de professores. *Cadernos informática para a mudança em educação*. Brasília, Ministério da Educação/SEED. Disponível em http://www.proinfo.gov.br/ftp/pdf/livro09.zip, acesso em 10-1-2000.

BELLONI, Maria Luiza (1999), *Educação a distância*. Campinas, Autores Associados.

__________ (2001), Da tecnologia à comunicação educacional, in *O que é mídia-educação*, Campinas, Autores Associados.

__________ (dez. 1988), Tecnologia e formação de professores: rumo a uma pedagogia pós-moderna?, *Educação e Sociedade* v.19, nº 65, 143-161, Campinas.

CANCLINI, Néstor G. (1988), *Culturas híbridas*. São Paulo, EDUSP, 2ª ed.

CASTORINA, José A. et al. (2000), *Piaget/Vygotsky: novas contribuições para o debate*. São Paulo, Ática, 6ª ed.

CASTORINA, José A. (jul./ago. 1996), Piaget, Vygotsky: aprendizagem de interação social, *Revista Dois Pontos*, v. 3, nº 27, 16-21, São Paulo.

COLL, C., PALACIOS, J., MARCHESI, A. (orgs.) (1996), *Desenvolvimento psicológico e educação*. Porto Alegre, Artes Médicas, v. 2.

FREIRE, Paulo (1997), *Pedagogia da autonomia: saberes necessários à prática educativa*. São Paulo, Paz e Terra.

KLAPÚN, Mário (jan./abr. 1999). Processos educativos e canais de comunicação. *Comunicação e Educação* n.14, 68-75, São Paulo.

MEC/SEED. *Diretrizes do ProInfo*. Brasília, julho de 1997. Disponível em http://www.proinfo.gov.br, acesso em 15-7-2000.

MERCADO, Luís Paulo L. (1999), *Formação continuada de professores e novas tecnologias*. Maceió, EdUFAL.

MORAES, Maria Cândida (set. 1997), Informática educativa no Brasil: uma história vivida, algumas lições aprendidas, *Revista Brasileira de Informática na Educação* 1, 19-44, Florianópolis/Editora da UFSC.

__________ , Subsídios para fundamentação do Programa Nacional de Informática na Educação. Brasília, MEC/SEED, janeiro de 1997. Disponível em http:/

/www.proinfo.gov.br/fra_comunidade.asp?opcao=acontece.html, acesso em 20-10-2000.

MORAIS et al. (1999), Tecnologias de informação na construção de ambientes de aprendizagem, in Conferência Internacional de Tecnologias da Informação e da Comunicação — Challenges'99, 1. Braga, Anais, pp. 221-231.

MORAN, J. M., MASETTO, M. T., BEHRENS, M. A. (2000), *Novas tecnologias e mediação pedagógica*. Campinas, Papirus.

OLIVEIRA, M.R.G. de (1997), *Ambientes educativos de utilização de recursos telemáticos*. Dissertação de mestrado em Comunicação Educacional Multimedia, Universidade Aberta de Portugal, Lisboa, 140fls.

PAPERT, Seymour (1994), *A máquina das crianças: repensando a escola na era da informática*. Porto Alegre, Artes Médicas.

_________ (1985), LOGO: *Computadores e educação*, São Paulo, Brasiliense.

PASSERINO, L. M., SANTAROSA, L. M. C. (2000), Uma visão sócio-histórica da interação dentro de ambientes computacionais, in Congresso Iberoamericano de Informática Educativa, 5. Viña del Mar, Anais eletrônicos. Disponível em http://www.niee.ufrgs.br/ribie2000/papers/200/index.htm, acesso em 11-1-2001.

PIAGET, J., INHLEDER, B. (1986), *A psicologia da criança*. São Paulo, DIFEL, 9ª ed.

REGO, Teresa C. (1999), *Vygotsky: uma perspectiva histórico-cultural da educação*. Petrópolis, Vozes.

SANDHOLTZ, Judith; RINGSTAFF, C. & DWYER, David C. *Ensinando com Tecnologia* - Criando Salas de Aula Centrada nos Alunos. Porto Alegre, Artes Médicas, 1997

SANTAROSA, Lucila M. C.(mai. 1997), Escola virtual para a educação especial, *Revista Informática Educativa* v. 10, nº 1, 115-138, Bogotá, Universidad de los Andes.

VALENTE, José Armando (1993), *Computadores e conhecimento*. Campinas, Gráfica Unicamp.

VALENTE, José Armando et al. (1999), O computador na sociedade do conhecimento, *Cadernos Informática para a Mudança em Educação*. Brasília, Ministério da Educação/SEED. Disponível em http://www.proinfo.gov.br/ftp/pdf/livro02.zip, acesso em 3-2-2000.

VYGOTSKY, L. S. et al. (1989), *Pensamento e linguagem*. São Paulo, Martins Fontes.

VYGOTSKY, L. S. Aprendizagem e desenvolvimento intelectual na idade escolar, in LURIA, LEONTIEV, VYGOTSKY (1991), *Psicologia e pedagogia: bases psicológicas da aprendizagem e do desenvolvimento*. São Paulo, Moraes.

_________(1991), *A formação social da mente*. São Paulo, Martins Fontes, 4ª ed.

Avaliação da aprendizagem como processo de comunicação na educação a distância

Roseli Zen Cerny

Introdução

A educação a distância — EaD — apresenta-se, hoje, como uma possibilidade concreta e importante para a aprendizagem ao longo da vida, apontada como condição permanente e indispensável para os sujeitos da sociedade da informação. No entanto, na educação a distância, além de ter os meios como objeto de estudo, fazem-se necessárias reflexões aprofundadas sobre todos os processos pedagógicos que constituem esse sistema de ensino. Nesse sentido, a avaliação da aprendizagem assume um papel fundamental, pois, conforme os procedimentos adotados, a EaD pode constituir-se num forte entrave à inovação pedagógica. Perrenoud (1999: 66) chama a atenção para esse aspecto quando diz que "**soltando as amarras da avaliação tradicional** facilita-se a transformação das práticas de ensino", abrindo mais espaço para a descoberta, a pesquisa, os projetos, estimulando a criatividade, a imaginação e a comunicação.

Os novos desafios para a educação: são nossos velhos desejos

Para a escola, hoje, é delegada a responsabilidade de formar sujeitos autônomos, responsáveis, comprometidos, criativos e aptos a desempenhar novos papéis sociais para serem incluídos no mercado de trabalho. Considera-se que ela seja, ainda, "indispensável e parte integrante da formação para a cidadania" (Belloni, neste livro). O perfil do trabalhador deverá conter atributos como raciocínio lógico, capacidade de comunicação, decisão e resolução de problemas, cooperação e aprendizado constante.

Nessa perspectiva, os educadores têm como desafio **repensar os conceitos** de educação e aprendizagem, quer no que se refere a métodos didático-pedagógicos, quer no que diz respeito aos meios materiais. A educação com características autoritárias, não-dialógicas, na qual o aluno passivamente assimila os conteúdos transmitidos pelo professor, precisa definitivamente ser superada, pois já não atende às necessidades de formação do sujeito de hoje. Cabe aos educadores sensibilizarem-se com essa realidade e **incorporarem alternativas de aprendizagem que tenham em sua base o processo de comunicação mediado pela tecnologia**, integrando os dois sistemas: presencial e a distância, criando oportunidades de acesso e permanência de todas as gerações na escola.

O inesquecível Paulo Freire apontava firmemente em suas teses a necessidade de entender o estudante como um sujeito autônomo e autor do processo educativo. Segundo ele, o modelo de ensino tradicional aproxima-se de um *modelo bancário*, pois de um lado existe um subsistema dotado de saber e de poder; de outro, um subsistema despojado dessas duas riquezas. Então, os que detêm o saber depositam nas contas dos outros fragmentos dessa riqueza. Partindo desse pressuposto, qualquer ação educativa está condenada ao fracasso, não por causa do conteúdo cujo "conhecimento" lhe foi transferido, mas em razão do processo mesmo de aprender (Freire, 1996: 27).

Paulo Freire contrapôs ao modelo bancário uma proposta pedagógica que denomina **educação libertadora**, na qual "ensinar não é transferir conhecimentos, mas criar as possibilidades para a sua própria produção ou a sua construção" (Freire,1996: 52).

Partindo desse pressuposto, enfatiza a **necessidade de respeitar os saberes do educando,** saberes construídos socialmente e que de modo algum devem ser descartados, mas sim incorporados e discutidos em relação ao ensino dos conteúdos, para que o educando se sinta um sujeito situado em seu mundo. Freire considera que

> o homem e a mulher são os únicos seres capazes de aprender com alegria e esperança, na convicção de que a mudança é possível. Aprender é uma descoberta criadora, com abertura ao risco e à aventura do ser, pois ensinando se aprende e aprendendo se ensina (Freire, 1996: 33).

Se concebemos a educação como uma prática histórica e contextualizada, o processo educativo não pode estar alheio às condições de nosso tempo. A educação de que precisamos, não só a de adultos, mas em geral, é aquela "capaz de formar pessoas críticas, de raciocínio rápido, com sentido de risco, curiosas, indagadoras, não pode ser a que exercita a memorização mecânica [...] O desafio que se coloca aos educadores é ensinar os educandos a pensar criticamente" (Freire, 2000: 100).

Freire (1979:68) aponta como resposta para o ensino um método ativo, dialogal e participante. Entende o diálogo como uma relação horizontal de A com B. "Somente o diálogo comunica. O diálogo é, portanto, o caminho indispensável não somente nas questões vitais para nossa ordem política, mas em todos os sentidos de nossa existência".

Resgatar **a comunicação como centro do processo educacional** é, a nosso ver, de fundamental importância nas sociedades contemporâneas. O mundo globalizado, ao mesmo tempo em que derruba barreiras de tempo e espaço por meio das tecnologias, exige uma atitude crítica e inovadora que possibilite aos alunos interpretar todas as informações colocadas ao seu dispor, relacionando e contextualizando com seu mundo local. Neste processo, empreender projetos que têm como essência o diálogo e a descoberta parece o caminho mais frutífero.

Desafios para a educação a distância

Para a educação a distância, apresentam-se hoje novos desafios que superam sua trajetória inicial, consolidada a partir de cursos preparados com material instrucional impresso, distribuído aos estudantes pelo correio, os quais, do mesmo modo, encaminhavam suas dúvidas e seus exercícios. Esse modelo está sendo repensado devido às possibilidades recentes que as novas tecnologias de comunicação e informação aplicadas à EaD proporcionam, fazendo-a avançar para um ensino com maior flexibilidade e acessibilidade mediante as redes de computadores, cada dia mais poderosos em recursos, velocidade, programas e comunicação, permitindo a alunos e professores "pesquisar, simular situações, testar conhecimentos específicos, descobrir novos conceitos, lugares, idéias. Produzir novos textos, avaliações e experiências" (Moran, 2000: 44).

A obra dos teóricos no campo da educação a distância, no entanto, ainda é prejudicada pela excessiva teorização inspirada na própria prática, restringindo-a a um praticismo redutor, deixando de lado a possibilidade de refletir a teoria e a prática dessa modalidade de ensino, baseando-se em campos mais amplos — a educação, a comunicação e as teorias sociais —, balizados pela prática cotidiana. Nos últimos anos, um discurso entusiasmado das organizações que oferecem cursos de EaD, bem como daqueles que propõem as políticas governamentais, defende que com as novas tecnologias poder-se-á oferecer uma educação aberta, independente, interativa e internacional. No entanto, as experiências cotidianas de professores e estudantes de EaD têm mostrado que as lutas por abertura, independência e interatividade estão apenas começando, e esse se torna o grande desafio (Evans e Nation, 1999: 82). Avançaremos no sentido de abertura e flexibilidade quando soubermos adaptar os programas às necessidades dos alunos, criando conexões com o seu cotidiano e transformando o ensino/aprendizagem num processo de investigação permanente.

Alguns teóricos da EaD têm assinalado a importância da comunicação como eixo norteador dessa modalidade. Nesse sentido, as contribuições de Borj Holmberg são muito valiosas. Holmberg enfatiza a necessidade de um processo de comunicação de ida e volta, entendido como todo o processo de comunicação da instituição com os alunos, quer seja a distância ou presencial, considerando essa última modalidade um componente necessário. A comunicação não-direta ou simulada deve ter o propósito de estimular a motivação e o interesse, apoiar e facilitar a aprendizagem, avaliar o progresso dos estudantes, proporcionando meios pelos quais os alunos possam julgar sua situação e suas necessidades (Holmberg,1995). Essa teoria traz-nos uma contribuição importante quando situa o diálogo como uma possibilidade para a avaliação, a estar presente em todo o processo de ensino e aprendizagem, quer seja na forma de exercícios de auto-aprendizagem, quer na de apresentação de trabalhos, e numa série de atividades que possam vir a ser incorporadas, mas sempre como possibilidade de troca entre os envolvidos.

É evidente que a comunicação dos estudantes com a instituição contribuirá também para a revisão do material de aprendizagem, proporcionando processos mais abertos e flexíveis. A comunicação implica atividade e participação dos estudantes, em oposição a uma participação passiva no processo de ensino.

Partindo da teoria de Holmberg, os australianos Evans e Nation (1989: 37) vão adiante, resgatando o diálogo na prática, na pesquisa e na teoria da educação a distância. Consideram fundamental uma abordagem que torna o diálogo central e concebe os estudantes como participantes ativos no ensino e na aprendizagem a distância. Partem do conceito de que "o termo diálogo envolve a idéia de que os humanos em comunicação se ocupam ativamente da produção e troca de significados, não sendo apenas sobre a transmissão de mensagens".

Esses autores argumentam que a chave para uma prática bem-sucedida do diálogo na educação a distância está na filosofia que informa as decisões sobre técnicas e tecnologia e não apenas no planejamento do curso, na distribuição, na seleção da tecnologia e das mídias. É muito importante que os estudantes sejam compreendidos como sujeitos ativos em sua própria aprendizagem e que individual e coletivamente possam conduzir esse processo, tanto dos meios que utilizam como dos conteúdos que aprendem. Assim, o diálogo pode ser estimulado não só entre professores e estudantes, mas também entre os próprios estudantes e deles com os contextos sociais em que vivem e trabalham. Assim como Holmberg, acreditam que o diálogo pode ser encorajado a partir dos materiais do curso, proporcionando ao estudante conhecimento, habilidades, idéias e valores pertinentes a suas necessidades e a seus interesses, os quais podem ser usados ativamente para entender, gerenciar e/ou mudar o contexto social em que estão inseridos.

O diálogo deveria permanecer como um conceito central no léxico da educação a distância. É necessário ir além do debate no qual simplesmente se centra no ensino presencial *versus* "conhecimento empacotado". **É o estado das mensagens dentro das mídias que são de importância crucial, não as próprias mídias** (Evans e Nation, 1989: 42; destaque nosso).

Partindo dessa visão, que resgata a comunicação como centro do processo educacional, o grande desafio é que comecemos a trilhar caminhos na EaD que superem a centralização do processo nos meios técnicos, avançando para propostas que realmente privilegiem a **aprendizagem autônoma**, entendida como um processo de ensino e aprendizagem centrado no aprendente, cujas experiências são aproveitadas como recurso, e no qual o professor deve assumir-se como recurso do aprendente, considerado como um ser autônomo, gestor de seu processo de aprendizagem, capaz de autodirigir-se e de auto-regular esse processo (Belloni, 1999: 40).

A avaliação na EaD

Estamos imersos em uma sociedade em processo contínuo e acelerado de mudanças, que exige novos comportamentos dos indivíduos. A base do processo de produção não é mais somente o trabalho físico, mas também e em especial a máquina automática — a tecnologia. A escola "tem como desafio educar cada vez mais pessoas com qualidade adequada num cenário em constante evolução" (Oliveira, 1998: 443). Diante desse novo contexto, torna-se necessário rever constantemente as práticas pedagógicas e, conseqüentemente, as práticas de avaliação.

> Nesse sentido, a avaliação ocupa um papel central no processo educacional. Na medida em que os indivíduos estão expostos a situações ricamente diversificadas, capazes de estimular várias inteligências, torna-se necessário verificar o que eles escolhem e quão profundamente exploram suas preferências (Oliveira, 1999: 111).

A avaliação classificatória, voltada para a seleção social, vem perdendo o sentido. É preciso reinventar novos mecanismos, procedimentos e critérios que possibilitem "considerar a avaliação como um processo capaz de promover o aprendizado e melhorar o ensino", constituindo-se num campo privilegiado para sua transformação (André e Potin, 1998: 448).

Acreditamos que está em curso uma mudança de paradigma na área da avaliação, com a passagem de um modelo de testes e exames difíceis para um outro modelo em que os alunos terão a oportunidade de demonstrar o que sabem, o que entendem e o que podem fazer. Tal modelo poderá oferecer aos estudantes mais orientação, compartilhando critérios e propondo tarefas que estejam de acordo com sua vida real.

> A avaliação é uma parte importante da educação, e sempre que possível deve ser de um tipo adequado, e usado para a expansão da boa qualidade da aprendizagem. Tudo isso não quer dizer que os testes e exames padronizados tradicionais já não tenham mais lugar na política de avaliação, mas sim que precisamos projetar "programas de avaliação que tenham um impacto sempre positivo sobre o ensino e a aprendizagem" (Gipps, 1997: 65).

Entendemos que o grande avanço que se apresenta hoje para a avaliação é constituir-se como parte do processo de ensino–aprendizagem e não mais em momentos estanques e pontuais, mas permeando e auxiliando todo esse processo. Não é possível pensar em formação da autonomia dos estudantes com os saberes organizados de maneira fragmentada, em currículos seqüenciais e lineares, que pressupõem previamente as etapas a serem vencidas, em que a avaliação serve apenas para decretar promoções e reprovações e, principalmente, como "um divisor" que separa uma disciplina da outra. É preciso chegar ao ensino o modelo hipertextual de simultaneidade, no qual o currículo funciona como uma rede, interconectando os saberes em constante (re) construção, de forma multidisciplinar, em que o seu funcionamento depende de um diálogo permanente entre todos os envolvidos no processo (Ramal, 2000: 25).

Na educação a distância o ideal para a avaliação é revestir-se de uma prática essencialmente formativa, primeiro porque vivemos em uma sociedade em que nada do que se aprende hoje é para sempre e onde os conhecimentos alteram-se velozmente, exigindo dos sujeitos o aprendizado permanente. O que precisamos neste próximo milênio

> é ensinar a todos não apenas as habilidades básicas, mas também as habilidades de ordem superior, de resolução de problemas, raciocínio crítico e avaliação; ensinar como tornar-se aprendizes eficazes, conscientes e no controle do seu próprio processo de aprendizagem, uma vez que a revolução da informação e do conhecimento, juntamente com as mudanças nas carreiras e nas formas de trabalho exigem que nós todos continuemos a aprender além da escola (Gipps, 1997: 66).

Em segundo lugar, para que a EaD assuma o papel de realmente formar sujeitos críticos, criativos e autônomos, pois um dos seus

> objetivos fundamentais deve ser o de obter dos alunos não a capacidade de reproduzir idéias, informações, mas pontos de vista críticos que lhes proporcionem determinado material ou, ainda, apenas uma perspectiva crítica frente a determinados conteúdos. O que deve importar realmente é desenvolver autonomia crítica do aluno, frente a situações concretas que se lhes apresentem (Neder, 1996).

Acreditamos que isso é possível por meio de uma avaliação formativa e continuada, contextualizada, flexível e interativa, presente em todo o curso e como **possibilidade de diálogo** entre professor e alunos. No entanto, parece difícil implementar tal avaliação em cursos de educação a distância, pois isso implicaria a disponibilidade de muito tempo, de que em muitos casos os docentes não dispõem. Precisamos lembrar, porém, que o professor, quando trabalha na EaD, não está sozinho; ele trabalha com uma equipe, tornando-se um **professor coletivo** (Belloni, 1999). Uma alternativa que poderá lhe dar suporte são as tecnologias, tão presentes nos processos de ensino de EaD e muito pouco utilizadas em benefício da avaliação.

> Trata-se de ensinar problemas reais, e não de selecionar para o ensino "problemas de mentira", "pedagogizados", os quais não implicam um desafio para o estudante e os quais se costumam resolver aplicando fórmulas prontas. Os problemas autênticos não costumam ter respostas

unívocas ou facilmente previsíveis, envolvendo, na maioria dos casos, verdadeiros desafios cognitivos (Litwin, 2001: 18).

Em geral, as práticas de avaliação na EaD são fechadas e requerem que os estudantes submetam seus trabalhos a julgamento por outros ou por eles mesmos. Em nossa realidade, essa é a prática mais comum de avaliação encontrada: alguma atividade avaliada pelo professor e atividades de auto-avaliação, em que o aluno individualmente avalia seu desempenho sem retorno ou troca sobre suas produções.

A avaliação da aprendizagem na educação a distância deveria ser usada como um meio pelo qual os estudantes demonstram seu engajamento com os materiais do curso de forma ativa e criativa, em vez de se adotar uma forma passiva e reprodutiva. Deveria ser concebida para os estudantes e não centrar-se somente na seleção ou nos procedimentos necessários para a certificação. O diálogo é estimulado quando algumas questões são seriamente consideradas, por exemplo: permitir uma avaliação negociada ou uma auto-avaliação; capacitar os estudantes para participarem desse processo; definir e negociar em conjunto a natureza e a extensão dos trabalhos a serem avaliados (Evans e Nation,1989: 37).

Nesse sentido, uma forma significativa para viabilizar o diálogo na EaD é a avaliação da aprendizagem. No entanto, resgatar a avaliação como uma possibilidade de criar um diálogo não é tarefa fácil, mas acreditamos que é possível construir processos avaliativos no contexto educativo da EaD extremamente criativos e inovadores. Entendemos que um dos primeiros passos é a educação assumir o paradigma do ensino centrado no aluno em oposição ao paradigma que centra o ensino no professor. Repensar a avaliação no processo de ensino/aprendizagem é tarefa urgente, superando os traumas e as mágoas deixados ao longo do tempo, tanto por alunos como por professores.

A avaliação formativa, nessa perspectiva, é entendida "como toda prática de avaliação contínua que pretenda melhorar as aprendizagens em curso", contribuindo para o acompanhamento e a orientação dos alunos durante todo o seu processo de formação.

"É formativa toda avaliação que ajuda o aluno a aprender e a se desenvolver, que participa da regulação[1] das aprendizagens e do desenvolvimento no sentido de um projeto educativo" (Perrenoud, 1999: 78). Na visão de outro autor, complementar à primeira, a avaliação formativa

> não é um modelo científico, nem um modelo de ação diretamente operatório. Não é mais do que uma utopia promissora, capaz de orientar o trabalho dos professores no sentido de uma prática avaliativa colocada, tanto quanto possível, a serviço das aprendizagens (Hadji, 2001: 25).

Tais conceitos nos apresentam a avaliação formativa numa perspectiva clara de acompanhamento e auxílio dos alunos, diferentemente de algumas abordagens que consideram que essa modalidade de avaliação estaria vinculada somente ao fato de acontecer continuamente, no decorrer de um período letivo, um semestre ou um ano. Mesmo quando a avaliação tradicional é contínua, conserva uma concepção de igualdade, que consiste em fazer as mesmas questões, no mesmo tempo e nas mesmas condições, a todos os alunos, partindo da concepção de que as aprendizagens acontecem ao mesmo tempo e da mesma forma para todos. As avaliações, neste caso, assemelham-se a treinamentos, repetindo constantemente os conteúdos trabalhados e requerendo as mesmas respostas.

Uma avaliação formativa "dá informações, identifica e exemplifica erros, sugere interpretações quanto às estratégias e atitudes dos alunos e alimenta diretamente a ação pedagógica" (Perrenoud, 1999: 68). Acima de tudo, há uma "redefinição das relações de poder na avaliação, envolvendo o aprendiz como um parceiro, assumindo a responsabilidade pelo seu desempenho e acompanhando a própria aprendizagem", estimulando o que "denominamos de au-

1. O termo regulação aparece com freqüência na literatura francesa. Perrenoud define regulação dos processos de aprendizagem, num sentido amplo, como o "conjunto das operações metacognitivas do sujeito e suas interações com o meio que modificam seus processos de aprendizagem no sentido de um objetivo definido de domínio". Numa variante mais simples, seria a manutenção de um estado estável. Para esse autor, falar de regulação no processo de aprendizagem guarda um sentido metafórico (Perrenoud, 1999: 90).

to-aprendizagem e metacognição" (Gipps, 1997: 70). Na avaliação tradicional, a relação entre avaliador e avaliado pode ser comparada ao que Freire (1970) denomina relação "bancária", na qual o professor/avaliador é o fornecedor, o depositante de conhecimentos prontos da realidade, esperando que os avaliados reproduzam os conhecimentos recebidos. Dessa forma, tem se observado que alunos e professores não se mostram interessados em usar o que aprendem: "os educandos não se motivam a usar a avaliação que seja apresentada a eles através de um discurso coercivo de uma só via, de descrição ou julgamento" (Nevo, 1977: 93), impedindo a troca de mensagens e o diálogo.

Assim, o diálogo na avaliação é fundamental por três motivos principais: primeiro, para possibilitar um processo de aprendizagem que permita entender melhor a realidade; segundo, para aumentar a motivação para aprender; e, terceiro, para melhorar a qualidade do ensino, tornando-o mais eficaz. A relação entre os envolvidos "tem de ser *uma relação de duas mãos*" (Nevo, 1977: 91) As duas partes envolvidas no diálogo partem da suposição de que ambas têm alguma coisa a aprender com a outra, e alguma coisa a ensinar uma à outra, tornando-se uma alternativa.

Uma avaliação alternativa à tradicional fundamenta-se na transparência do processo e na identificação dos eixos básicos a avaliar. A instituição encarregada manterá um registro dos avanços dos estudantes, que, de alguma forma, será mensurável, **mas o segredo está na co-responsabilidade**, no modo como os estudantes assumem sua aprendizagem e trazem a responsabilidade para eles, contribuindo para a construção do conhecimento, fazendo a relação texto-contexto, a ressignificação, a aplicação na própria realidade, a imaginação e a descoberta. "A avaliação converte-se em parte desse jogo pedagógico, como instrumento para *seguir, reorientar, corrigir e estimular a auto-aprendizagem*" (Gutierrez e Prieto, 1994: 130).

Neste jogo pedagógico é necessário conceber alguns dispositivos didáticos que favoreçam o acompanhamento contínuo das aprendizagens. Perrenoud (1999: 108) aponta os seguintes:

1) não dissociar a avaliação formativa da didática, inventando regulações adaptadas às novas pedagogias, a seus objetivos

e a suas teorias de aprendizagem, em vez de fazer essas pedagogias regredirem para que se ajustem ao molde clássico ensino–teste–remediação;

2) conceber a didática, também, como um dispositivo de regulação, rompendo com o tempo do ensino e o tempo da regulação. A regulação não é um momento da ação pedagógica, é um componente dela;
3) propiciar a regulação pela ação e pela interação, partindo do pressuposto de que não se aprende sozinho, mas sim na troca com o outro e interagindo com situações reais;
4) favorecer a auto-regulação de ordem metacognitiva ou avaliação formadora, formando o aluno para a regulação de seus próprios processos de pensamento e aprendizagem, partindo do pressuposto de que todo ser humano é capaz de representar seus próprios mecanismos mentais.

Por outro lado, de nada adiantam dispositivos pedagógicos bem construídos se a intenção do avaliador não é torná-la formativa, pois o "principal instrumento de toda avaliação formativa é, e continuará sendo, **o professor comprometido em uma interação com o aluno**" (Perrenoud, 1999: 109). Desse modo, a avaliação passa a ter uma possibilidade de interação, de troca, de negociação entre avaliador e avaliado, constituindo-se, assim, como **um processo com uma dupla dimensão: como um processo de comunicação consistente e como um processo de negociação didática** (Hadji, 2001).

A avaliação pode ser considerada sempre um processo de comunicação. O professor-avaliador envia uma mensagem aos alunos, quando emite os conceitos, por exemplo. Tais conceitos representam uma mensagem codificada, que o aluno decodifica à sua maneira. Para tornar a avaliação formativa, no entanto, a informação deverá ser organizada para ser acessível e fazer sentido na mente dos alunos, tornando-se uma informação útil e **alimentando o diálogo** entre os envolvidos no processo. Os *feedbacks* constituem uma forma rica de o professor dar um retorno das mensagens recebidas dos alunos, "tornando-se uma via para tornar a avaliação mais formativa, captando as reações dos alunos, suas questões sobre o sentido e o alcance do que foi dito pelo avaliador, seus pedidos de explicação sobre as apreciações e as notas" (Hadji, 2001: 110).

Acredita-se que dessa forma os alunos sentem-se motivados e estimulados a empreender esforços para a resolução das tarefas propostas, pois toda expressão necessita de destinatários, interlocutores reais: escrever sabendo que vai ser lido, preparar suas comunicações orais sabendo que será ouvido (Kaplún, 1999: 74). Ou então estará estimulando os sujeitos para que apenas cumpram seu "ofício de aluno". Ao longo da trajetória escolar, os alunos compreendem a "mecânica da avaliação" e desenvolvem estratégias que lhes permitem fazer apenas o estritamente necessário, evitando aborrecimentos e garantindo sua aprovação (Perrenoud, 1999).

Resgatar a **avaliação como** uma possibilidade de **comunicação** entre alunos e professores é acreditar "que a linguagem é a matéria-prima para a construção do pensamento e instrumento essencial do desenvolvimento intelectual adquirido no intercâmbio constante entre as pessoas" (Kaplún, 1999: 74).

Hadji e Perrenoud acreditam que a aposta essencial para um sistema de avaliação formativo é investir na identidade e na formação dos professores. Enquanto o "professor não se concebe como alguém capaz de fazer todo mundo aprender" (Perrenoud, 1999), não tem razão para apostar na avaliação formativa. Por outro lado, não basta ser adepto dessa idéia, é necessário investir na qualificação pedagógica dos professores, disponibilizando-lhes "meios de construir seu próprio sistema de observação, interpretação e intervenção" (Hadji, 2001).

Essa aposta na formação dos professores torna-se essencial na educação a distância. Além da qualificação pedagógica, os professores precisam ser formados para o uso crítico e criativo dos meios de comunicação, num projeto pedagógico que permita ultrapassar a mera racionalidade tecnológica, empregando os meios como ferramentas de comunicação e não de simples transmissão, promovendo o diálogo e a participação, para gerar e potenciar novos emissores em vez de contribuir para o crescimento da multidão de receptores passivos (Kaplún,1999).

A mudança no papel do professor torna-se inevitável devido às próprias transformações da sociedade da informação. Aprender a trabalhar em diferentes estruturas organizacionais, com grupos maiores para determinados objetivos, acompanhados pela colaboração de "assistentes de ensino", atuando juntos na organização, na recuperação e na produção de informação apresenta-se como o principal desafio para a formação dos educadores do século XXI (Gipps,1997).

Os suportes informáticos podem contribuir substancialmente nos processos de avaliação por meio dos múltiplos recursos postos à disposição de alunos e professores, dependendo em grande parte da estratégia comunicacional que se deseja adotar. Por exemplo: as redes telemáticas, que permitem ao estudante individual comunicar-se com outros e enriquecer-se reciprocamente na construção do conhecimento; os jogos de simulação, com possibilidades para interação em ambientes que reproduzem situações reais; os hipertextos, que abrem uma infinidade de outras possibilidades. Tais modos de utilização das redes estão sendo amplamente empregados de modo informal por grupos do mundo inteiro. Cabe agora aos educadores aproveitar esses recursos, abrindo canais de interlocução e auto-expressão permanentes.

Bibliografia

AFONSO, Almerindo Janela (2000), *Avaliação educacional: regulação e emancipação para uma sociologia das políticas avaliativas contemporâneas*. São Paulo, Cortez.

ANDRÉ, Marli Eliza D., PONTIN, Marta Maria D. (out./dez. 1998), O diário reflexivo, avaliação e investigação didática, *Ensaio*: avaliação e políticas públicas em educação, v. 6, nº 21. Rio de Janeiro, CESGRANRIO.

APARICI, Roberto (jan./abr. 1999), Ensino, multimídia e globalização, *Comunicação & Educação* ano V, n. 14. São Paulo, Moderna.

ARETIO, Lorenzo Garcia (1994), *Educación a distancia hoy*. Madrid, Uned.

BELLONI, Maria Luiza (1999), *Educação a distância*. Campinas, Editores Associados.

__________ (dez. 1998), Tecnologia e formação de professores: rumo à pedagogia pós-moderna? *Educação & Sociedade* ano XIX, nº 65. Campinas, Cedes.

CARMO, Hermano Duarte de Almeida e (1997), *Ensino superior a distância: contexto mundial*. Lisboa, Universidade Aberta.

DEPRESBITERIS, Léa (1999), *Avaliação educacional*. Brasília, SENAI/DN.

EVANS, Terry, NATION, Daryl. De la necesidad de la teoría en la enseñanza abierta y a distancia, in RODRIGUES, Eustáquio, QUINTILLÁN, Manuel

Ahijado (coords.) (1999), *La educación a distância en tiempos de cambios: nuevas generaciones, viejos conflictos*. Madrid, Ediciones de la Torre.

_________ (jun. 1989), Dialogue in practice, research and theory in distance education. *Open learning*. UK, 4 (2), 37-42.

_________ (jun. 1992), Theorising open and distance education. *Open learning*. UK, 7(2), 3-13.

FERREIRA, Maria Luísa Ribeiro (jul./set. 1985), A motivação nos adultos: fator fundamental de aproveitamento no ensino a distância, *Sinal*, revista do Instituto Português de Ensino a Distância, Lisboa.

FREIRE, Paulo (2000), *Pedagogia da indignação: cartas pedagógicas e outros escritos*. São Paulo, UNESP.

_________ (1996), *Pedagogia da autonomia: saberes necessários à prática educativa*. São Paulo, Paz e Terra.

_________ (1979), *Educação e mudança*. São Paulo, Paz e Terra, 23ª ed.

GIDDENS, Anthony (1991), *As conseqüências da modernidade*. Tradução de Raul Fiker. São Paulo, Universidade Estadual Paulista.

GIPPS, Caroline (1998), Avaliação de alunos e aprendizagem para uma sociedade em mudança, in *Anais do Seminário Internacional de Avaliação educacional*. Brasília, INEP.

GUTIERREZ, Francisco, PRIETO, Daniel (1994), *A mediação pedagógica: educação a distância alternativa*. Campinas, Papirus.

HADJI, Charles (2001), *Avaliação desmistificada*. Tradução de Patrícia Ramos. Porto Alegre, Artes Médicas.

HOLMBERG, Borj (1985), *Educación a distancia: situación y perspectivas*. Buenos Aires, Kapeluz.

_________ (1995), The evolution of the character and practice of distance education, *Open Learning* 10 (2), 47 53.

JONASSEN, David (abr./jun. 1996), O uso das novas tecnologias na educação a distância e a aprendizagem construtivista, *Em Aberto* ano 16, nº 70, Brasília, INEP.

KAPLÚN, Mário (1999), Processos educativos e canais de comunicação, *Comunicação e Educação* nº 14. São Paulo, Moderna.

KNOWLES, Malcolm, HOLTON, Elwood, SWANSON, Richard (1997), *The adult learner: the definitive classic in adult education and human resource development*. Texas, Gulf Publishing Company-Houston, 5ª ed.

LITWIN, Edite (2001), *Educação a distância: temas para o debate de uma nova agenda educativa*. Porto Alegre, Artmed.

MORAN, José Manuel et al. (2000), *Novas tecnologias e mediação pedagógica*. Campinas, Papirus.

NEDER, Maria Lúcia (1996), Avaliação na educação a distância: significações para definição de percursos, in PRETI, Oreste, *Educação a distância: inícios e indícios de um percurso*. Cuiabá, NEAD/IE-UFMT.

NEVO, David (1998), Avaliação por diálogos: uma contribuição possível para o aprimoramento escolar, in *Anais do Seminário Internacional de Avaliação educacional*. Brasília, INEP.

OLIVEIRA, Carlos Alberto S. de (jul. set. 1997), Da era do conhecimento para a era da educação (editorial), *Ensaio*: avaliação e políticas públicas em educação, v. 5, nº 16. Rio de Janeiro, CESGRANRIO.

PARENTE, André (org.) (1996), *Imagem máquina*. Rio de Janeiro, Editora 34.

PERRENOUD, Philippe (1999), *Avaliação: da excelência à regulação das aprendizagens entre duas lógicas*. Tradução de Patrícia Ramos. Porto Alegre, Artes Médicas.

RAMAL, Andrea Cecília (fev./abr. 2000), Avaliar na cibercultura, *Pátio* nº12, revista pedagógica. Porto Alegre, Artemed.

RODRIGUES, Pedro (1999), A avaliação curricular, in ESTRELA, Albano, NÓVOA, Antônio. *Avaliação em educação: perspectivas*. Lisboa, Porto Editora.

SANTOS, Boaventura de Souza (1999), *Pela mão de Alice: o social e o político na pós-modernidade*. São Paulo, Cortez, 5ª ed.

SARAIVA, Terezinha (abr./jun. 1996). Educação a distância no Brasil: lições da história. *Em Aberto*16 (70). Brasília, INEP.

UNESCO (1997), *Aprendizagem aberta e a distância: perspectivas e considerações sobre políticas educacionais*. Florianópolis, UFSC.

VIANNA, Heraldo Marelim, Avaliação educacional e seus instrumentos: novos paradigmas, in SOUSA, Eda C. B. Machado (org.) (1997), *Curso de Especialização em Avaliação a Distância: técnicas e instrumentos de avaliação*. Brasília, UNB.

Educação a distância mais aprendizagem aberta

Maria Luiza Belloni

Introdução

Vivemos em sociedades radicalmente modernas, isto é, naquelas em que reinam as condições de produção econômica ditas pós-fordistas e pós-industriais, legitimadas por uma ideologia neoliberal que coloca toda a responsabilidade de sucesso no indivíduo (Gyddens, 1994, 1995; Belloni, 1999a). São características dessas sociedades mudanças sociais em ritmo acelerado, entre as quais cabe destacar o espantoso avanço das tecnologias de informação e comunicação (TIC), definição provisória do momento para um fenômeno mais amplo que podemos, também provisoriamente, chamar de "tecnificação intensa da vida humana".

Tais mudanças têm provocado transformações e desequilíbrios estruturais no campo da educação. Essas mudanças sociais (no processo econômico, na organização e na gestão do trabalho, no acesso ao mercado de trabalho e de consumo, na cultura cada vez mais mediatizada e mundializada) requerem, evidentemente, transformações nos sistemas educacionais, impondo-lhes novas funções e novos desafios, para os quais nem sempre estão preparados. O papel da educação na sociedade — a definição de suas finalidades sociais — está se transformando e, em conseqüência, suas estratégias vêm sendo modificadas de modo a responder a novas demandas, notadamente com a introdução de meios técnicos e de maior flexibilidade quanto aos currículos e metodologias (Trindade, 1992; Ljosa, 1992; Blandin, 1990).

Nesse quadro de mudanças na sociedade e no campo da educação, já não se pode considerar a educação a distância (EaD) apenas um meio para a solução de problemas emergenciais (como parece ser o caso nas políticas públicas brasileiras) ou para o conserto de alguns fracassos do sistema educacional em dado momento da história (como foi o caso de muitas experiências em países pobres, inclusive o Brasil, nos anos 1970).

A EaD tende doravante a se tornar cada vez mais um elemento regular e necessário dos sistemas educativos, não apenas para atender a demandas e grupos específicos, mas com funções de crescente importância, especialmente no ensino pós-secundário, ou seja, na educação da população adulta, o que inclui o ensino superior regular e toda a grande e variada demanda de formação contínua gerada pela obsolescência acelerada da tecnologia e do conhecimento. Nas sociedades da "informação" ou do "saber", em que a formação inicial torna-se rapidamente insuficiente, as tendências mais fortes apontam para a "educação ao longo da vida" (*lifelong education*), mais integrada aos locais e às demandas do trabalho e às expectativas e necessidades dos indivíduos (Carmo, 1997; Keegan, 1983; Perriault, 1996; Bates, 1990). É preciso ressaltar que essa integração não significa que a educação seja orientada para as exigências do mercado. Ao contrário, deve estar voltada para a formação do indivíduo emancipado, capaz de competir no mercado não porque foi treinado para isso, mas justamente porque é emancipado e, portanto, capaz de agir politicamente, ou seja, como cidadão competente.

Num contexto técnico que parece futurista, mas que já é realidade nos "bolsões tecnológicos" do planeta, as macrotendências mais prováveis apontam para uma **convergência dos "paradigmas" presencial e a distância**, operada (tornada tecnicamente possível) por usos adequados e intensivos de TIC. É muito provável e desejável que ocorram sinergias positivas entre essas duas modalidades de ensino, resultando em melhoria do ensino convencional, com os aportes inovadores vindos da EaD, que se beneficiará da excelência acadêmica das universidades convencionais (Carmo, 1997). A disseminação dessas técnicas, que trabalham diretamente com a inteligência e o imaginário de seus utilizadores, nas diferentes esferas da vida social, como a comunicação, o lazer e o trabalho, mostra que a educação não poderá escapar à lógica de sua inserção nos processos de ensino/aprendizagem. A instituição escolar em todos os seus níveis deverá integrar cada vez mais um uso variado e multiforme dessas tecnologias, transformando o papel do professor.

É importante ressaltar que a insistência na necessidade dessa integração, aqui defendida, fundamenta-se na evidência do impacto dessas técnicas na vida social e seus efeitos perversos que tendem a agravar as desigualdades sociais: cabe à escola, especialmente a pública, atuar no sentido de compensar as terríveis desigualdades que o acesso desigual a essas máquinas está gerando. **Esta é a principal razão da integração dessas técnicas aos processos educacionais** (Belloni, 2001a: cap.1). O uso educativo de tais técnicas, como, aliás, o do livro, deve considerar a dupla dimensão de qualquer artefato técnico — ao mesmo tempo **ferramenta** de trabalho ou de lazer e **objeto de reflexão** da parte do indivíduo racional e emancipado. Essa abordagem integradora da mídia-educação fundamenta-se numa concepção sociopolítica dos usos dos objetos técnicos na qual o indivíduo, e não o objeto, é o sujeito da relação.

O uso educativo das tecnologias é a perspectiva conceitual que orienta nossa análise da EaD, que, se de um lado é uma modalidade de ensino que responde aos desafios das sociedades contemporâneas, por outro deve ser considerada, do ponto de vista conceitual, parte do processo mais amplo que podemos definir provisoriamente como "mediatização" dos processos educacionais, semelhante ao que ocorreu com os processos comunicacionais (Belloni, neste livro; Belloni, 2001b).

Educação aberta e a distância

As características essenciais da EaD explicam em grande parte a forte influência dos modelos da sociologia industrial e da economia na organização de suas experiências mais importantes e, em nível conceitual, nas análises e nos estudos realizados sobre o assunto. Tanto por suas características intrínsecas (planejamento, divisão do trabalho e produção de materiais) como por seus aspectos sociais mais amplos (organizações complexas, altos investimentos iniciais e produção em larga escala), a EaD é um campo extremamente próprio à aplicação dos princípios que regem a produção industrial e bastante vulnerável à prevalência desses princípios em detrimento dos princípios e das finalidades propriamente educacionais.

A expansão capitalista, que consolidou a hegemonia americana no período pós-guerra, caracterizou-se pela difusão do industrialismo — uma das dimensões da modernidade —, que se tornou um modo de organização da vida social, inspirando não somente as políticas públicas (hospitais e escolas de massa), mas o próprio estilo de vida das pessoas, reduzidas a elementos de uma massa de consumidores. O modelo fordista extrapolou os limites da produção industrial, tornando-se um discurso político, uma forma de ação do Estado, quase um estilo de vida.

O "industrialismo instrucional", que caracteriza as experiências mais importantes de EaD, tende a gerar propostas fechadas em "pacotes de ensino", com pequena possibilidade de interação, demasiado diretivos e informativos, deixando pouca margem ao exercício da autonomia do aprendente e tendendo a altos níveis de desmotivação e de abandono. Esse modelo se baseia principalmente na produção de massa de materiais estandardizados, o que significa, por um lado, o desconhecimento e a desconsideração das demandas sociais necessariamente diversificadas e, por outro, pouca flexibilidade na avaliação, na adaptação e na reformulação do ensino oferecido.

Esse paradigma econômico — produção de massa, estandardização e clientelas numerosas e indiferenciadas — já se esgotou como modelo de produção nas sociedades pós-industriais, nas quais existe uma macrotendência de fragmentação do mercado globalizado em segmentos específicos e de reorganização do mercado de trabalho no sentido de maior qualificação e responsabilização da força de trabalho ("pós-fordismo"). Tais mudanças geram no campo da EaD uma tendência à **educação aberta**, ou seja, a uma maior flexibilidade na definição de cursos e carreiras, nos critérios de ingresso e nas metodologias de ensino, bem como uma maior ênfase nas situações de aprendizagem e, portanto, nas estratégias de atendimento ao estudante, baseadas no uso adequado de uma combinação inteligente das diferentes tecnologias de informação e comunicação (Peters, 1982; Stevens, 1996; Fields, 1995; Campion, 1995, 1992; Belloni, 1999).

Geralmente definida pelo que não é (não-presencial, não-simultânea, sem professor, *off-campus*), ou seja, através das lentes do ensino convencional, a EaD carece ainda de unanimidade tanto na terminologia como na conceptualização. Daí a necessidade de análises teóricas no sentido de esclarecer suas características essenciais e organizá-las de modo a construir um conceito que incorpore todos os seus elementos definidores, dando conta da imensa variedade de experiências existentes no mundo. Diferentes definições e filosofias coexistem no campo da educação, e na EaD em especial, inspirando políticas de governo e práticas educativas muitas vezes equivocadas e contraditórias.

A análise da literatura mundial sobre o assunto, bem como a observação de diferentes tipos de experiências e propostas de ensino a distância permitem vislumbrar duas grandes categorias de conceitos muitas vezes utilizados de modo antinômico, às vezes como se fossem sinônimos ou intercambiáveis e, raras vezes, como complementares: de um lado, **educação a distância**, conceito fundamentalmente anglo-saxão (os franceses dizem "ensino a distância"), que enfatiza a dimensão espacial, ou seja, a separação — física — entre o professor e o aluno e a dimensão de massa da produção e da distribuição de materiais; de outro, **aprendizagem aberta**, conceito mais de origem australiana e americana, que coloca a ênfase na adequabilidade de um processo de educação mais autônomo e flexível, de maior acessibilidade aos estudantes, o que significa, sobretudo, a expansão de novas modalidades de ensino e de novas regras de acesso e pré-requisitos de ingresso.

Do ponto de vista das concepções pedagógicas, a EaD tende a propor estratégias menos flexíveis, baseadas em tecnologia educacional, materiais inspirados na instrução programada e de inspiração comportamentalista (behaviorista). O conceito de aprendizagem aberta propõe estratégias mais flexíveis, grande autonomia do aprendente, e inspira-se principalmente nas teorias da ciências cognitivas, no construtivismo e em teorias da pós-modernidade (Keegan, 1983; Holmberg, 1990; Evans e Nation, 1992; Belloni, 1999). A rigor, essas duas concepções não são mutuamente exclusivas, mas complementares, a primeira se colocando mais desde o ângulo do ensino, enquanto a segunda enfatiza os aspectos relacionados à aprendizagem.

A análise dessas diferentes abordagens deve considerar as dimensões essenciais do processo educativo: suas finalidades sociais e sua "filosofia", isto é, o conhecimento científico e prático que orienta as regras e as propostas dos sistemas educacionais. Essa análise inclui uma reflexão sobre os novos conhecimentos científicos necessários à implementação de ações de EaD, especialmente no campo das teorias cognitivas e da aprendizagem. Como se trata fundamentalmente de educação de adultos em níveis pós-secundários, ensinar a distância demanda o desenvolvimento de um novo campo teórico chamado "andragogia" (Trindade, 1992; Perriault, 1996). Segundo Carmo, muitas pistas de pesquisa se abrem nesse domínio específico da EaD, ligadas à compreensão dos modos de aprender do adulto e à *ressocialização da população adulta*: reconversão profissional, formação continuada, educação intercultural, entre outras (1997: 339).

A EaD é uma modalidade de ensino, ou seja, deve ser compreendida como um tipo distinto de oferta educacional, que exige inovações ao mesmo tempo pedagógicas, didáticas e organizacionais. Seus principais elementos constitutivos (que a diferenciam da modalidade presencial) são a descontiguidade espacial entre professor e aluno, a comunicação diferida (separação no tempo) e a mediação tecnológica, característica fundamental dos materiais pedagógicos e da interação entre o aluno e a instituição (Belloni, 1999). A aprendizagem aberta, por sua vez, é um modo de aprendizagem — novo no sentido em que é distinto das práticas na maioria de nossas instituições de ensino em qualquer nível — que requer um processo de ensino centrado no aprendente, concebido como um ser autônomo, gestor de seu próprio processo de aprendizagem. As principais características da aprendizagem aberta são flexibilidade e liberdade do estudante (*time free*, *place free*, *pace free*) e oferta voltada para os interesses do estudante (flexibilização do acesso e dos procedimentos de ensino e de avaliação).

As grandes transformações sociais, especialmente a compressão do tempo e do espaço provocada pelo desenvolvimento das TIC — que gera novos ritmos de trabalho e de vida, novos ambientes, novos instrumentos, novas linguagens ou formas de expressão —, exigem do indivíduo do século XXI novas competências comunicacionais, novos modos de aquisição de saber (aprender a aprender, reaprender constantemente), inclusive do saber sobre o mundo contemporâneo e a diversidade humana numa cultura mundializada. No processo de socialização das novas gerações, que inclui a educação como forma institucionalizada, estas mudanças já vêm ocorrendo e as crianças e os jovens chegam à escola com conhecimentos e aptidões que ela simplesmente ignora, tornando mais difícil a comunicação entre professores e estudantes.

Logicamente, o acesso às técnicas de informação e comunicação (com exceção da televisão aberta, acessível praticamente à grande maioria da população no mundo) varia segundo a classe social e a situação geopolítica. Longe de as minorar, as transformações sociais decorrentes do avanço técnico no campo da comunicação vieram agravar as desigualdades sociais e regionais, criando outras necessidades educacionais compensatórias. Na sociedade contemporânea, das redes telemáticas e da realidade virtual, a educação precisa ser realmente para todos e não só para os jovens, com uso intensivo de tecnologia numa perspectiva humanística de educação para o desenvolvimento, para a solidariedade, para a cidadania.

Os sistemas educativos, principalmente nos países periféricos, terão de se transformar radicalmente para enfrentar esses desafios, e a EaD aparece não mais como um paliativo, mas como um dos caminhos mais adequados, desde que realizada a partir de uma perspectiva integrada (com os sistemas convencionais) e de aprendizagem aberta, fazendo da aprendizagem independente do indivíduo autônomo seu conceito organizador. Cabe ressaltar que um dos indicadores mais seguros da qualidade da educação oferecida é sua adequabilidade não às demandas do mercado, mas às aspirações profissionais dos estudantes. Quando a instituição escolar fizer claramente essa sutil distinção, ganhará certamente em resultados positivos. A centralidade do estudante no processo educacional é fundamental também por isso, e na EaD essa consideração é essencial:

> Ainda neste âmbito (da mobilidade profissional), valerá a pena confrontar este objeto de estudo com as achegas de Miller, Kohn e Schooler, que, a partir de um estudo longitudinal, observaram que **os estudantes ganham autonomia na sua aprendizagem proporcionalmente às oportunidades que a escola lhes dá para atividades autodirigidas** (Carmo, 1997: 340).

Nesse contexto, a educação a distância tem de ser compreendida a partir de uma perspectiva mais ampla: a da integração das TIC nos processos educacionais, como meio de democratizar o acesso a uma verdadeira formação emancipatória. Considerada a partir dessa perspectiva mais ampla, a EaD é apenas uma das modalidades posssíveis de oferta de ensino, e o fundamento da educação deve ser a pesquisa, com o objetivo de aprender a aprender. Os diferentes artefatos técnicos que o avanço tecnológico põe a serviço da sociedade são ferramentas a serem usadas de modo crítico, competente e criativo. O uso educativo das TIC deve considerar duas dimensões, inseparáveis como duas faces da mesma moeda: o uso de um material como **ferramenta pedagógica** implica, para ser realmente eficaz e criativo, a análise dos aspectos formais desse material, ou seja, uma leitura crítica, que o coloque como **objeto de estudo** e de reflexão no processo de aprendizagem. Como ferramenta, o meio técnico é instrumento didático e pedagógico a serviço do professor e do aluno naquele processo. Como objeto de estudo, ele é oportunidade de formação do usuário crítico, competente e criativo, tanto para o estudante como para o professor.

Uma proposta de EaD adequada deveria, então, integrar, num conjunto coerente e consistente de materiais e estratégias, conteúdos e metodologias de ensino que levassem em consideração as seguintes grandes variáveis, cujas características fundamentais tentaremos descrever:

- autonomia do aluno adulto e capaz de gerir seu próprio processo de aprendizagem;
- novas funções e características do professor: a transformação da função docente de rotineiramente individual em necessariamente coletiva;
- mediatização intensiva do processo de ensino e aprendizagem, com a integração cada vez maior dos meios de informação e comunicação digitalizados e teletransmissores;
- flexibilidade institucional e pedagógica, o que requer muita inventividade e instituições competentes e não-corporativas.

Aprendizagem autônoma

Um aspecto fundamental a considerar em qualquer análise de EaD diz respeito às especificidades e à autonomia do "aprendente" adulto, o que implica não apenas conhecer e atender a suas necessidades e níveis de escolarização, como conhecer seus modos de estudo e aprendizagem e, o que é bem mais complexo, integrar efetivamente esses elementos na proposta pedagógica do ensino oferecido. A tendência mais fortemente estabelecida indica uma maior adequabilidade da EaD para indivíduos adultos e para o ensino pós-secundário, bem como sua inadequabilidade para populações infantis e para a educação básica.

Quanto à população jovem e ao ensino secundário, há dúvidas sobre as possibilidades de um processo efetivo de aprendizagem realmente a distância. A utilização de estratégias mistas (mediatização e estruturas presenciais) parece mais adequada. Ações pontuais de educação comunitária (saúde, ecologia e mesmo alfabetização de adultos) destinadas a populações de baixa renda e escolaridade também só se mostram eficazes quando há estruturas presenciais de acompanhamento.

A EaD exige novas competências não apenas para o professor, mas também para o aluno, que deverá "dirigir" sua própria aprendizagem (*self-directed learning*), tendo relativa autonomia no que se refere aos conteúdos, ritmos e lugar de sua aprendizagem, o que parece coerente com as tendências mais gerais da sociedade contemporânea (maior qualificação e responsabilização do trabalho, expansão do acesso ao conhecimento e à cultura pelo desenvolvimento das TIC, segmentação do mercado globalizado). As estratégias de EaD que têm dados melhores resultados são aquelas em que há estruturas presenciais ou a distância de interação interpares, isto é, aquelas que promovem o encontro dos estudantes entre si para a exploração dos materiais de aprendizagem, o que é coerente com a idéia de formação mais próxima do local de trabalho, e bastante adequada para a formação continuada de professores (Belloni, 2001c).

Professor coletivo

Diretamente relacionada com as inovações tecnológicas, uma das questões centrais na análise da EaD, e talvez a mais polêmica, refere-se ao papel do professor nessa modalidade de ensino, chamado a desempenhar múltiplas funções. A rigor, a característica principal do ensino a distância é justamente a segmentação do ato de ensinar em muitas e diferentes tarefas, o que exige não um indivíduo-professor onisciente e multicompetente, mas um professor capaz de sair de seu isolamento disciplinar e docente e de aprender a trabalhar em equipes com profissionais de outras áreas acadêmicas e técnicas.

A tarefa de ensinar a distância exige uma divisão do trabalho bastante complexa, que inclui planejamento de longo prazo, produção e distribuição de materiais em suportes tecnológicos, concepção e implementação de estratégias de atendimento ao estudante e de avaliação. Ao contrário do que ocorre no ensino presencial, **na educação a distância quem ensina não é o professor, mas a instituição**. Numa perspectiva de aprendizagem aberta e autônoma, a EaD, do mesmo modo que a utilização educativa das TIC, tende a transformar radicalmente o papel do professor, tornando-o mais complexo e diferenciado: na escola do futuro o professor deverá tornar-se **parceiro dos estudantes no processo de construção do conhecimento**, isto é, em atividades de pesquisa e na busca da inovação pedagógica (Belloni,1999: 81).

A inovação em educação exige repensar a formação de professores exatamente na mesma perspectiva a partir da qual se deve orientar uma formação profissional em sintonia com as mudanças globais da sociedade contemporânea. O desafio para os sistemas educacionais é formar profissionais para exercer no futuro funções que ainda nos são desconhecidas, ou seja, preparar os jovens para aprender de modo autônomo e garantir-lhes habilidade para que possam continuar sua própria formação ao longo de sua vida profissional. A formação de formadores não pode fugir a essa lógica, ou dito de outro modo, com Dieuzeide (1994: 200): *os professores, como o restante da sociedade, devem levar em conta a inovação.*

Novas competências são necessárias ao profissional da educação, que se acrescentam às antigas sem as substituir nem descartar, mas transformando-as, sem perder de vista as três grandes dimensões da formação do professor: pedagógica, didática e tecnológica. Essa formação — inicial e continuada — deve incluir a cultura técnica (e não mera alfabetização), competências de comunicação mediatizada, capacidade de trabalhar com método e em equipe, capacidade de refletir sobre as próprias práticas e tornar esse saber acessível a outros e de aproveitar o saber de outros, evitando desperdício de esforços e de recursos.

Mediatização

As primeiras experiências de EaD surgiram no século passado como decorrência do desenvolvimento dos sistemas de comunicação e transporte: o ensino por correspondência, modalidade pioneira e ainda atual de EaD, somente foi possível graças ao desenvolvimento dos transportes ferroviários e dos serviços postais, que representaram um grande avanço em rapidez e confiabilidade. Os suportes tecnológicos são, pois, centrais na EaD, já que se trata de um processo de educação necessariamente **mediatizado** por algum (idealmente por todos os que fossem adequados e disponíveis) meio técnico de comunicação. As maiores possibilidades de comunicação em duas vias (*two-ways*) e em rede, que permitem interação entre o professor e o aluno, e entre os estudantes, oferecidas pelas redes informáticas podem ser veículos de grande valia. Todavia, é preciso lembrar que serviços de atendimento ao estudante (orientação, tutoria, conselho) por meio do telefone podem ser mais eficazes em certos casos.

É preciso evitar o deslumbramento que leva ao uso de inovações tecnológicas como um fim em si. Em geral, as novas tecnologias não substituem nem o professor nem as antigas, mas se acrescentam a eles, não como meros instrumentos neutros a serviço de velhas metodologias, mas como meios inovadores suscetíveis de contribuir para o aperfeiçoamento e o enriquecimento dos sistemas educacionais presenciais, a distância ou em qualquer outra modalidade de educação (Walker, 1993; Perriault, 1996; Trindade, 1992). Além disso, não podemos perder de vista que a razão principal do uso educativo de um meio técnico é o fato de que ele já é um fato social, isto é, já existe e tem uma função na sociedade. Cabe lembrar que pedagogia e tecnologia sempre foram elementos essenciais da educação. O que é novo em nossas sociedades radicalmente modernas é a aceleração do avanço técnico, especialmente no campo das telecomunicações e da informática, com os processos de digitalização, de miniaturização e de desenvolvimento das redes telemáticas. Tal avanço aprofunda, de modo inédito na história, um processo de mudança social que os sociólogos costumam chamar de "tecnificação" da vida humana, que vem transformando as estruturas sociais e a produção econômica.

A mediatização dos procedimentos educativos implica a produção de mensagens educativas inovadoras em dois sentidos: nos aspectos didáticos e pedagógicos (métodos de ensino) e nos aspectos técnicos ou formais, que têm a ver com as "regras da arte" do suporte técnico (linguagens e formatos). Essa distinção é extremamente importante do ponto de vista de produção dos materiais e definição de estratégias de ensino, do mesmo modo que os usos educativos desses materiais e o desenvolvimento de estratégias de aprendizagem devem levar em conta a dupla dimensão do uso pedagógico de qualquer meio técnico: ferramenta pedagógica e objeto de estudo, numa abordagem integradora que considere suas múltiplas dimensões.

Aspectos institucionais

Uma das grandes dificuldades na EaD relaciona-se a seu lugar no campo da educação como um todo. Tendo sido considerada por longo tempo uma solução paliativa, emergencial ou marginal aos sistemas regulares, a EaD é vista pelo público em geral e pelos atores do campo educacional — até mesmo por aqueles que nela trabalham — como uma "segunda oportunidade" para os que perderam a primeira e melhor oportunidade do ensino regular. Tal percepção gera dúvidas quanto à qualidade do ensino a distância. De modo geral, a EaD é avaliada negativamente, como uma modalidade de ensino de baixa qualidade, principalmente quando se refere à formação inicial e regular oferecida pelos sistemas de ensino superior. Quando se trata de formação profissional continuada e de curta duração, a EaD tende a ser mais facilmente bem avaliada.

Os problemas de credibilidade — junto ao público e aos sistemas de educação — relacionam-se com as questões de financiamento: a maioria das principais universidades abertas são essencialmente financiadas pelos alunos, por meio de taxas de inscrição e compra de materiais, mas em muitos casos o investimento inicial foi do Estado. Estão relacionados a essa questão os conflitos de interesses no interior do campo da educação (resistência à inovação, corporativismo) e as relações entre o setor público e o setor privado nessa área. Essa é, aliás, a clivagem determinante no campo da educação no Brasil: as nebulosas relações entre o público e o privado, que explicam também as diferenças gritantes de qualidade do ensino superior oferecido pelas universidades públicas e gratuitas e pelas instituições privadas de ensino superior. Aqui cabe a pergunta: serão de melhor qualidade (do que a EaD) os cursos presenciais oferecidos por numerosas faculdades isoladas que proliferam neste país?

Nas experiências ainda recentes e não tão numerosas de EaD em nível de formação inicial, podemos identificar duas grandes categorias que agrupam os mais variados tipos de instituições atuando na área de EaD: **especializadas** (*single mode*) e **integradas** (*dual mode*). As primeiras dedicam-se exclusivamente ao ensino a distância e seus exemplos mais típicos são as grandes universidades abertas européias. A segunda categoria inclui uma grande variedade de experiências de ensino a distância desenvolvidas nas instituições convencionais de ensino superior, e encontramos alguns de seus exemplos mais importantes nos Estados Unidos e na Austrália.

No Brasil, começaram a surgir, nos anos 1990, experiências variadas que podem ser agrupadas em dois grandes tipos, segundo as demandas e necessidades sociais a que (cor)respondem: iniciativas governamentais de formação de professores da escola básica, de um lado, e, de outro, formação continuada em nível de pós-graduação, dirigida a públicos pagantes de alto nível de especialização.

Muitos e muito complexos são os problemas que envolvem a realização de experiências inovadoras de ensino a distância, atualmente, no Brasil. De um lado, a lógica do mercado globalizado avança inexoravelmente com a oferta de produtos de qualidade e adequação duvidosas; de outro, os sistemas educacionais públicos debatem-se em meio às dificuldades geradas por políticas públicas restritivas para a educação (priorização do ensino básico em detrimento do ensino superior e da pesquisa etc.), e ausência de política para a educação a distância ou uso das TIC. A Secretaria de Educação a Distância do MEC, a rigor, não define nem fomenta políticas para o setor, como seria sua vocação, mas executa diretamente dois programas específicos (ProInfo e TVEscola), de resultados ainda não avaliados. A legislação proposta pelo MEC é restritiva e regulatória, e não de fomento e orientação voltados às demandas sociais. A falta de uma política orientadora e fomentadora é, na verdade, uma política efetiva que se coloca na perspectiva de mercado, da hegemonia da ideologia neoliberal, que considera a educação um setor de grandes possibilidades de lucros.

Do ponto de vista institucional e político, é preciso saudar com otimismo a criação da UNIREDE, consórcio que congrega todas as grandes universidades públicas do país, com o objetivo de integrar e otimizar esforços de educação a distância, prioritariamente para a formação de professores em todos os níveis de ensino. A proposta institucional da UNIREDE, baseada na parceria entre instituições iguais e com objetivos públicos, foi resultado da iniciativa de instituições de ensino e pesquisa e não de uma política imposta pelos organismos oficiais, e talvez por isso apresente maiores possibilidades de assegurar a oferta de atividades efetivas de educação a distância de melhor qualidade com menor custo.

Os limites políticos, típicos de nossa história, e as dificuldades econômicas, decorrentes da situação de economia periférica e globalizada submetida às exigências dos banqueiros que administram a dívida pública, geram políticas públicas alheias aos interesses do país, com conseqüências extremamente perversas para a população. Na educação em particular, observa-se uma expansão rápida do ensino básico, com qualidade problemática, pois a formação de professores está longe de ser satisfatória, sem falar das condições de trabalho dos profissionais da educação. O ensino superior público, por sua vez, vem sofrendo um processo de desmantelamento, que dá oportunidades para um crescimento lucrativo e desordenado do setor privado, com conseqüências negativas para qualquer índice de qualidade. Nesse quadro de dificuldades, a educação a distância poderia ser um meio eficaz de atingir objetivos de democratização das oportunidades educacionais, em todos os níveis, para incluir os excluídos e melhorar a qualidade do ensino oferecido aos que já estão nos sistemas escolares. As possibilidades de que o desenvolvimento da educação a distância ocorra no sentido dessa democratização, e não apenas como mais um nicho de mercado globalizado, dependem, porém, da capacidade de a sociedade civil organizar-se politicamente num projeto de mudança social.

Bibliografia

ALONSO, K. M., Educação a distância no Brasil: a busca de identidade, in PRETI, O. (org.) (1996), *Educação a distância: inícios e indícios de um percurso*. NEAD/IE – UFMT. Cuiabá, UFMT, pp. 57-74.

ALONSO, K. M. (1999), *Novas tecnologias e formação de professores: um intento de compreensão. Paper*, reunião anual da ANPED, Caxambu.

BABIN, P., KOULOUMDJIAN, M. (1989), *Os novos modos de compreender: a geração do audiovisual e do computador*. São Paulo, Paulinas.

BABIN, P. (1991), *Langage et Culture des Médias*. Paris, Universitaires.

BATES, T. "The Challenge of Technology for European Distance Education", in BATES, A. W. (ed.) (1990), *Media and Technology in European Distance Education*. EADTU European Association of Distance Teaching Universities.

BELLONI, M. L.(2001d), *Ensaio sobre a educação a distância no Brasil. Paper* inédito.

_________ (2001a), *O que é mídia-educação*. Campinas, Autores Associados (coleção Polêmicas do Nosso Tempo, 78).

_________ (2001c), *O ensino a distância na formação de professores: análise da implantação da TV Escola em Santa Catarina*. Relatório de Pesquisa/CNPq.

_________, *Integração das tecnologias de informação e comunicação aos processos educacionais, in BARRETO, R.G. (org) (2001),* Tecnologias educacionais e educação a distância: avaliando políticas e práticas. *Rio de janeiro, Quartet.*

_________ (1999), *Educação a distância*. Campinas, Autores Associados.
_________ (1998), Tecnologia e formação de professores. Rumo a uma pedagogia pós-moderna? *Educação e Sociedade* nº65, CEDES.
_________ (1994), A mundialização da cultura, *Sociedade e Estado* vol. IX, nº 1/2.
_________ (1995a), Escola *versus* televisão: uma questão de linguagem, *Educação e Sociedade* nº 52.
BELLONI, M. L., PIMENTEL, N. (1996), *Avaliação do Programa de Capacitação a Distância para Professores do 1º Grau. Um salto para o futuro.* Relatório técnico de pesquisa. Florianópolis, OPM/UFSC e SED/SC.
BLANDIN, B.(1990), Formateurs et Formation Multimédia, in *Les Editions d'Organisation*. Paris.
CAMPION, M. (1993), Post-Fordism: Neither Panacea nor Placebo, *Open Learning* v. 8, n° 2.
_________ (1995), The Supposed Demise of Bureaucracy: Implication for Distance Education and Open Learning — More on the Post-Fordism Debate, *Distance Education* v. 16, n° 2.
CAMPION, M., RENNER, W. (1992), "The Supposed Demise of Fordism: Implications for Distance Education and Higher Education", *Distance Education* v. 13, n° 1.
CANCLINI, N. (org.) (1991), *Cultura y pospolitica*. México, Consejo Nacional para la Cultura y las Artes.
CARMO, H. (1998), *Ensino superior a distância*. Lisboa, Universidade Aberta.
DEBORD, G. (1967), *La société du spectacle* Paris, Buchet/Chastel (trad.port.: Lisboa, Mobilis in Mobile, 1991).
DERY, M.(1997), *Vitesse Virtuelle la Cyberculture Aujourd'hui*. Paris, Abbeville.
DIEUZEIDE, H. (1994), *Les Nouvelles Technologies*. Paris, Nathan/UNESCO.
DRAIBE, S. M., PEREZ, J. R. R. (mar. 1999), O programa TV Escola: desafios à introdução de novas tecnologias, *Cadernos de Pesquisa* nº 106, 27-50.
EVANS, T. (1995), Globalization, Post-Fordism and Open and Distance Education, *Distance Education* v. 16, n° 2.
EVANS, T., NATION, D. (1989), Dialogue in Practice, Research and Theory in Distance Education, *Open Learning* v. 4, n° 2.
FAINHOLC, L. C. (1995), Los aportes que hubiera dado Jean Piaget si se hubiera ocupado de la tecnologia educativa, *RED* n° 11.
FERREIRA, M. L. R.(1985), A motivação nos adultos: factor fundamental de aproveitamento no ensino a distancia, *SINAL* nº 1. I.P.E.D. — Instituto Português de Educação a Distância.
FERRÉS, J. (1996), *Vídeo e educação*. Porto Alegre, Artes Médicas.
FIELD, J.(1995), Globalization, Consumption and the Learning Business, *Distance Education* v. 16, n° 2.
GIDDENS, A. (1991), *As conseqüências da modernidade*. São Paulo, UNESP.
_________ (1997), *Modernidade e identidade pessoal*. Lisboa, Celta.
HABERMAS, J. (1975), A técnica e a ciência como ideologia, in *Textos escolhidos*. São Paulo, Abril Cultural (coleção Os Pensadores).
HOLMBERG, B. Guided Didactic Conversation in Distance Education, in SEWART, D. et al. (eds.) (1983), *Distance Education: International Perspectives*. London/New York, Croomhelm/St. Martin's.

JACQUINOT, G. (1990), *Les genres Télévisuels dans l'Enseignement*. Paris, EADTU.
KOECHLIN, O. (1995), Réflexions autour de l'Écriture Interactive, *Dossiers de l'audiovisuel* n° 64.
LEGRIS, R. (1984), Lecture Sémiotique d'un Cours Universitaire Télévisé: Diversité et Complémentarité Discursives des Médias en Situation d'Enseignement à Distance, in *Discurso dos Media e Ensino a Distância*. Lisboa, AIMAV, IPED.
LINARD, M. (1996), *Des Machines et des Hommes*. Paris, L'Harmattan.
LJOSÄ, E.(1992), Distance Education in a Modern Society, *Open Learning* v. 7, n° 2.
MAHIEU, M.(1984), Vidéogramme Didactique et Opération d'Intellection, *Discurso dos Media e Ensino a Distância*. Lisboa, AIMAV, IPED.
MARSDEN, R. (1996), Time, Space and Distance Education, *Distance Education* v.17, n° 2.
MARTINS RODRIGUEZ, E. (1994), La Formación del Profesorado desde y para la Educación a Distancia, *RED* n° 9.
MASTERMAN, L. (1993), *La enseñanza de los medios de comunicación*. Madrid, La Torre.
MENA, M. (1993), Importancia de la Investigación en el Desarrollo, Impulso e Innovación de la Educacion a Distancia, *Revista Iberoamericana de Educación Superior a Distancia* v. 6, n° 1.
MILLE, G. E. (1989), Distance Education in the United States: Collaboration amid Diversity, *Open Learning* v. 4, n° 3.
MOON, B. (1994), La Formación Pedagógica en la Open University de Gran Bretaña: Innovación y Expansión en los Años 90, *RED* n° 10.
MOORE, M., On a Theory of Independent Study, in SEWART, D. et alli (eds.) (1983), *Distance Education: International Perspectives*. London/New York, Croomhelm/St. Martin's.
NATION, D. et al. (1983), Open Learning and Misuse of Language: Some Comments on the Rumble/Lewis Debate, *Open Learning* v 5, n° 2.
NOVOA, A. (ed.) (1983), *Os professores e sua formação*. Lisboa, Dom Quixote.
PAPERT, S. (1997), *A familia em rede*. Lisboa, Relógio d'Água.
PAUL, R. (1990), Towards a New Measure of Success: Developing Independent Learners, *Open Learning* v. 5, n° 1.
PERRIAULT, J. (1996), *La Communication du Savoir à Distance*. Paris, L'Harmattan.
PETERS, O. Distance Teaching and Industrial Production: a Comparative Interpretation in Outline, in SEWART, D. et alli (eds.) (1983), *Distance Education. International Perspectives*. London/New York, Croomhelm/St. Martin's.
_______ (1983), The Iceberg Has Not Melted: Further Reflections on the Concept of Industrialization and Distance Teaching, *Open Learning* v. 4, n° 3.
PORCHER,L. (1974), *L'Ecole Parallèle*. Paris, Larousse.
RADCLIFFE, J., Television and Distance Education in Europe: Current Roles and Future Challenges, in BATES, A. W. (ed.) (1990), *Media and Technology in European Distance Education*. EADTU — European Association of Distance Teaching Universities,.
RAGGATT, P. (1990), Post-Fordism and Distance Education: a Flexible Strategy for Change, *Open Learning* v. 8, n° 1.

RENNER, W. (1995), Post-Fordist Visions and Technological Solutions: Educational Technology and the Labour Process, *Distance Education* v. 16, n° 2.

RICARDO MARQUES, M. E. (1984), Comunicação, *SINAL* nº0. Lisboa: I.P.E.D — Instituto Português de Educação a Distância.

ROCHA DE SOUSA, J. M (1984), O visível e o invisível entre máscaras. *SINAL* nº 0. Lisboa, I.P.E.D. — Instituto Português de Educação a Distância.

ROCHA-TRINDADE, M. B. (1988), Mediatização do discurso científico, *Análise Social* v. 24, nº 3, Lisboa.

RUMBLE, G. (1992), The Competitive Vulnerability of Distance Teaching Universities, *Open Learning* v. 7, n° 2.

_______ (1995), Labour Market Theories and Distance Education: Industrialization and Distance Education, *Open Learning*. v. 10, n° 1.

SANTOS, L.G. (1981), *Desregulagens*. São Paulo, Brasiliense.

SANTOS, B. S. (1995), *Pela mão de Alice: o social e o político na pós-modernidade*. São Paulo, Cortez.

SAYERS DE ZAA, J. (1993), Innovaciones andragógicas en la concepción del participante en la educación superior a distancia, *Revista Iberoamericana de Educacion Superior a Distancia* v. 6, n° 1.

SCHNEIDER, A. (1993), Educational Technology in Teacher INSET as Purpose and Means, *Educational Media International* v. 32, n° 1. ICEM — International Council for Educational Media.

SERRANO VICENTE, J., SOUTO DIEZ, E. (1994), Formación de los profesores tutores de la UNED, *RED* n° 9.

STEVENS, K. (1996), Have the Shifting sands of Fordism Resulted in Ground Lost or Ground Gained for Distance Education?, *Distance Education* v.17, n° 2.

STIEGLER, B. (1995), Machines à Écrire et Matières à Penser, *Dossiers de l'audiovisuel* n° 64.

THORPE, M. (1995), The Expansion of Open and Distance Learning: A Reflection on Market Forces, *Open Learning* v. 10, n° 1.

TOSCHI (2000), *Formação de professores e TV Escola. Paper*, reunião anual da ANPED, Caxambu.

TRINDADE, A.R. 1990 *Introdução à comunicação educacional*. Lisboa: Universidade Aberta,.

_________ (1992), *Distance education for Europe*. Lisboa, Universidade Aberta.

_________ (1991), *The salami concept*. The proceedings of EADTU – BOURSE conference. Atenas, EADTU,.

TURKLE, S. (1984), *Les Enfants de l'Ordinateur*. Paris, Denoël.

________ (1997), *A vida no Ecrã*. Lisboa, Relógio d'Água.

VITALIS, A. (1994), *Médias et Nouvelles technologies: pour une socio-politique des usages*. Rennes, Apogée.

YÚDICE, G. Posmodernidad y capitalismo transnacional en América Latina, in CANCLINI, N. (org.) (1991), *Cultura y pospolitica*. Mexico, Consejo Nacional para la Cultura y las Artes.

A experiência reflexiva na formação de professores

Anamelea de Campos Pinto[1]

É por isso que transformar a experiência educativa
em puro treinamento técnico é amesquinhar
o que há de fundamentalmente humano no
exercício educativo: o seu caráter formador.
Paulo Freire (1997: 37)

Questões preliminares

A análise da formação dos educadores, de modo geral, já é por si só assunto complexo. A formação do professor para a utilização das tecnologias de informação e comunicação (TIC), porém, apresenta-se como uma questão ainda mais complexa, principalmente no Brasil, devido às diferentes formas de formação/capacitação que cada Secretaria Estadual de Educação e as diferentes escolas têm adotado. Assim, toda medida que se queira tomar deve levar em conta a necessária integração entre bacharelado, licenciatura e atividade docente, ainda que de forma indireta, na introdução desse tipo de formação. Somente por meio desse diálogo entre a formação inicial, a formação continuada e a prática docente do professor poder-se-á pensar em um profissional que saiba integrar

1. Em colaboração com Maria Luiza Belloni e Nilza Godoy Gomes.

as três competências necessárias a sua vida docente: a teórica, a aplicada e a profissional[2].

Essas questões fornecem subsídios importantes para a análise que aqui se quer desenvolver, na medida em que expõem algumas das condições objetivas do processo de formação dos docentes. No caso, vale a pena lembrar que a formação para o uso das tecnologias de informação e comunicação é de caráter adicional e só terá êxito na medida em que a formação básica para o exercício profissional e uma competência didática estejam solidamente estabelecidas.

O professor reflexivo e sua formação

Segundo Wallace (1990), há três modelos que descrevem as possibilidades de se trabalhar a formação de um professor: o artesanal, o da ciência aplicada e o reflexivo. O primeiro (no original, *craft model*) talvez seja o mais facilmente encontrado quando se analisam as práticas de formação docente. Nesse caso, os professores em formação, segundo Vieira (1997: 1), "são ensinados a repetir e a imitar o melhor possível alguns procedimentos didáticos práticos preestabelecidos". Tal procedimento funda-se na necessidade de os docentes em formação buscarem exemplos em que basear suas próprias ações, a partir de respostas já prontas a situações que, para eles, surgem como inéditas, ou diante das quais ainda sentem dificuldade[3]. Ressalte-se, ainda, que tais exemplos podem ser tirados das práticas de seus formadores ou de sua própria atividade docente. Esses exemplos, todavia, freqüentemente acabam por engessar a prática futura dos professores. Com efeito, a tendência à repetição de ações, processos e reflexões tem como pano de fundo uma padronização que mascara toda diferença entre o que o professor vê em seu processo de aprendizagem e aquilo que ele vai encontrar futuramente em sua prática

---

2. Cf. Abrahão (1997).

3. Como afirma Schön (1995: 90): "Se eu tiver de imitar a hábil acção de um de vós, tenho de entender o que há nela de essencial. Mas os elementos essenciais da vossa acção não surgem identificados como tal. O trivial e o essencial estão misturados: é por isso que os discípulos têm tendência para imitar os maneirismos do seu mestre".

docente. Do mesmo modo, há grande distância entre uma situação específica enfrentada pelo professor — e que pretensamente serviria de modelo — e outras situações de ensino/aprendizagem que apenas na aparência lhe permitem recorrer a procedimentos anteriores. O que explica a freqüência desse modelo talvez seja justamente seu caráter empírico, que busca reduzir a reflexão teórica do professor em formação por meio de um constante apelo à imitação de exemplos aparentemente bem-sucedidos. Pela lei do menor esforço, parece muito mais produtiva a imitação imediatista do que o esforço de analisar e alterar um exemplo anterior diante das circunstâncias específicas da prática atual do professor.

O segundo modelo de Wallace (1990) é o da "ciência aplicada". De acordo com ele, a qualificação de um professor está diretamente associada à teoria que ele foi capaz de assimilar durante sua formação. Assim, a prática docente fundar-se-ia na aplicação direta desses conhecimentos teóricos prévios. Em outras palavras, "o conhecimento prático advém da correta aplicação do conhecimento científico existente para a área profissional em questão" (Monteiro, 1996: 48).

Esse modelo pode ser criticado, principalmente, pela distinção extrema entre a produção e a aplicação do conhecimento, como se teoria e prática fossem instâncias diferentes, como se não houvesse entre elas uma ligação necessária e inaugural. Ou seja, esse modelo peca exatamente por tomar o sentido inverso do indutivismo inerente ao modelo artesanal, optando firmemente por um dedutivismo que tenta reduzir toda a riqueza da prática a situações pretensamente previstas e/ou previsíveis. Monteiro (1996: 48) acrescenta ainda que "uma das principais críticas a esse modelo refere-se à separação entre especialistas (*experts*), produtores do conhecimento, e práticos (*practitioners*), aplicadores do conhecimento gerado a situações do cotidiano profissional".

Assim, ao se criar a ilusão de uma reflexão teórica prévia como solução para toda e qualquer situação prática posterior, caso do modelo da ciência aplicada, perde-se de vista até mesmo o sentido da palavra teoria: no grego, o vocábulo deriva de verbos que significam "ver", "estar diante de", "assistir a um espetáculo", o que deixa ainda mais claro que toda teoria só pode existir quando concatenada a um objeto que lhe dá sentido e profundidade.

Finalmente, o terceiro modelo é chamado de reflexivo. No fundo, ele tenta associar de forma equilibrada características dos dois modelos anteriores, escapando, dessa maneira, às limitações criticadas acima. Nesse modelo, o movimento entre prática e teoria deve estar necessariamente associado a uma atitude reflexiva que saiba mover a prática em novas direções (segundo inclinações que a teoria recebe da reflexão), assim como fundar a teoria em novos campos (por meio de uma renovação de seus sentidos pela prática). Quer-se dizer, com isso, que os elementos contidos no conhecimento prévio do professor devem ser constantemente tecidos a suas atividades docentes, pelo exercício de uma reflexão constante que não se imobilize nem em um lado, nem no outro.

Nesse ponto, cabe especificar, então, o que se entende realmente por "professor reflexivo", para que se possa compreender de que maneira deve se dar sua formação. Segundo Schön (1995: 83),

> Um professor reflexivo permite-se ser surpreendido pelo que o aluno faz. Num segundo momento, reflecte sobre esse facto, ou seja, pensa sobre aquilo que o aluno disse ou fez e, simultaneamente, procura compreender a razão por que foi surpreendido. Depois, num terceiro momento, reformula o problema suscitado pela situação; talvez o aluno não seja de aprendizagem lenta, mas, pelo contrário, seja exímio no cumprimento das instruções. Num quarto momento, efectua uma experiência para testar a sua nova hipótese; por exemplo, coloca uma nova questão ou estabelece uma nova tarefa para testar a hipótese que formulou sobre o modo de pensar do aluno.

Em outras palavras, Schön divide isso que seria parte da ação reflexiva em quatro momentos: o da surpresa, o da razão, o da reformulação e o da verificação experimental. Todavia, esses momentos, tais como expostos acima, circunscrevem-se ao espaço e ao tempo da sala de aula. É preciso também levar em conta que essa ação deve ocorrer nos momentos em que se realiza a formação do professor, assim como nos momentos em que ele não está em sala de aula exercendo diretamente sua prática docente.

No que se refere à formação, é fundamental estabelecer, desde cedo, um diálogo constante com outros professores, pois as diferentes práticas podem sempre iluminar perspectivas inéditas ou trazer à tona questões inesperadas. Não se confunda esse diálogo com um exemplo a ser seguido de maneira intransigente, como se discutiu acima. Quando se fala de diálogo, pensa-se numa prática própria do professor e que já se coloca em posição de igualdade diante de outras práticas. E, por colocar-se em posição de igualdade, pode, então, estabelecer um diálogo proveitoso para ambos. Com efeito, "o diálogo crítico irrestrito torna-se, assim, o caminho da ciência" (Demo, 1996: 22). Esse autor afirma, ainda, que "o diálogo aberto permite consensos, projetos comuns e, até mesmo, a preservação do princípio do questionamento sistemático crítico e criativo" (id., ibid.: 27)

Em linhas gerais — ainda buscando caracterizar o professor reflexivo —, existem dois conceitos que determinariam a postura reflexiva: o senso crítico e o senso de plausibilidade. No que se refere ao senso crítico, Carraher (1983: xviii) afirma que ele está diretamente associado a um amadurecimento intelectual capaz de fornecer uma indispensável formalização ao raciocínio, resultante de um período de leitura e de reflexão sobre a própria prática. Segundo o autor, o pensador crítico tem as seguintes características:

1. atitude de constante curiosidade intelectual e questionamento;
2. habilidade de pensar logicamente;
3. habilidade de perceber a estrutura de argumentos em linguagem natural;
4. perspicácia, isto é, tendência a perceber além do que é dito explicitamente, descobrindo idéias subentendidas e subjacentes;
5. consciência pragmática, reconhecimento e apreciação dos usos práticos da linguagem como meio de realizar objetivos e influir sobre os outros;
6. distinção entre questões de fato, de valor e questões conceituais;
7. habilidade de penetrar até o cerne de um debate, avaliando a coerência de posições e levantando questões que possam esclarecer a problemática.

Analisando cada uma dessas características, pode-se perceber um primeiro grupo que seria, de certa forma, próprio ao indivíduo. No caso, é necessário cuidado para não cair em uma postura ingenuamente inatista e/ou determinista: se se trata de características próprias do indivíduo, não deixa de ser verdade que elas podem ser desenvolvidas à custa de esforço intelectual. Todavia, é inquestionável que elas podem aparecer, com certa freqüência, sem que tenham sido resultado de um processo de formação. São elas a "atitude de constante curiosidade intelectual e questionamento" e "a perspicácia".

O segundo grupo de características estaria, então, relacionado sobretudo a um trabalho efetivo de formação, tanto inicial como continuada, e reuniria as outras cinco características. Reafirme-se que essa divisão não pretende ser dogmática nem definitiva, mas apenas busca chamar a atenção para o papel importante que outra pessoa — educador, formador, tutor ou outra denominação que se adote — exerce necessariamente no processo de formação de um professor. E, no caso, a presença do outro deve dar ensejo ao estabelecimento de um diálogo que possa se tornar um referencial para a prática docente do futuro professor, ela também construída preferencialmente como diálogo. Isso só vem confirmar, mais uma vez, a importância dessa perspectiva dialógica em qualquer instância de formação, sobretudo quando entendida de acordo com o sentido que lhe empresta Bakhtin (1995: 123):

> O diálogo, no sentido estrito do termo, não constitui, é claro, senão uma das formas, é verdade que das mais importantes, da interação verbal. Mas pode-se compreender a palavra "diálogo" num sentido amplo, isto é, não apenas como a comunicação em voz alta, de pessoas colocadas face a face, mas toda comunicação verbal, de qualquer tipo que seja.

Partindo, assim, do diálogo, a formação desse professor, tendo em vista o desenvolvimento de seu senso crítico, deverá ser capaz de dar-lhe condições de estruturar raciocínios lógicos. Estes não nascem com o indivíduo, como poderia prescrever uma perspectiva apressadamente platônica, mas devem ser desenvolvidos por intermédio de uma troca de juízos que se faz exatamente no diálogo. Somente pela construção coletiva de argumentos (isto é, que escapem às construções solipsistas), é possível internalizar tais juízos e, mais importante, dar ao professor condições de alterar sua lógica sempre que isso se fizer necessário, seja por uma alteração do contexto de sua prática docente, seja por uma mudança em seus interlocutores (educandos ou colegas).

Tendo adquirido essa potencialidade, o professor será então, certamente, capaz de responder aos demais critérios que acima definiram o senso crítico: poderá entender profundamente a estrutura dos argumentos que estão por trás das reflexões que sua prática enseja; terá condições de desenvolver sua linguagem de modo a elaborar uma retórica didática que lhe seja própria; finalmente, terá condições de entender, mesmo que precária e provisoriamente, as complexas relações entre os elementos teóricos e as condições objetivas de sua prática docente, assim como de entender as relações conflituosas ou harmônicas que se colocam entre seus próprios argumentos e os dos outros (novamente, colegas ou educandos).

No que toca ao senso de plausibilidade — conceito proposto por Prabhu (1990) —, pode-se dizer que se trata da capacidade de escolher métodos, operações e elementos que sejam os mais razoáveis segundo a orientação geral que o professor quer imprimir à sua prática docente. Nesse sentido, o professor reflexivo deve ser formado de modo a perceber a dinâmica que está por trás de seu contexto de ensino/aprendizagem. E não é demais enfatizar o termo **dinâmica**, pois a tendência a considerar o contexto algo imutável ou que se conserva sem grandes alterações é, talvez, um dos maiores inimigos de uma prática docente reflexiva. Tal prática, em suma, deve levar o educador a uma constante observação do contexto em que está inserido, buscando aquele difícil equilíbrio entre perceber suas características e atuar no sentido de modificá-las.

A epistemologia da prática: o conceito de reflexão-na-ação

Segundo Becker (1993: 70-71), "a experiência que produz conhecimento não se confunde com o saber fazer, com a prática; mas com a reflexão sobre o saber fazer, sobre a prática". Partindo desse princípio, pode-se perceber que o ponto central das atividades de formação dos professores deve levar justamente a um "*praticum*[4] reflexivo" (cf. Schön, 1995: 90) que associe a prática docente a

---

4. Cf. Zeichner (1995: 117); o *praticum* corresponderia aos "momentos estruturados de prática pedagógica (estágio, aula prática, tirocínio) integrados nos programas de formação dos professores".

uma reflexão feita a partir dela, resultando em um conhecimento reiteradamente alimentado por ela. Com isso, o professor torna-se capaz de **aprender a aprender**[5] e, mais ainda, de **aprender a pensar** sobre os seus próprios atos.

Ora, temos aí duas ações que devem ser meta de qualquer atividade educativa. A questão, dessa maneira, nem é mesmo defender a validade desse gênero de idéia, mas expor processos plausíveis, assentados em bases coerentes, que levem o professor, depois de formado, a assumir como sua dinâmica docente esse processo de constante aprendizado que está na base do que podemos chamar de **epistemologia da prática**. E é fundamental resssaltar que nem mesmo importa em que momento de sua carreira essa formação se realiza, já que se está pensando tanto na formação inicial como na formação continuada.

O problema da formação, dessa maneira, volta-se justamente para as condições que envolvem o desenvolvimento desse "*praticum* reflexivo". Retomando Schön (1987), é necessário que se avance na resposta a três questões fundamentais: "Que competências os professores devem tentar ajudar os estudantes e as crianças a adquirir? Quais tipos de saber e quais espécies de conhecimento prático os professores devem ter para bem desempenhar a sua tarefa? Quais tipos de educação são mais favoráveis à preparação dos professores para o ensino efetivo?" (minha tradução).

O processo de formação deve, então, dar condições ao professor de identificar detalhadamente as características principais de seu público-alvo, isto é, dos alunos envolvidos, evitando que caia em repetições de uma mesma formação generalista para grupos de alunos muito diferentes. Com isso, o professor deve habilitar-se a aprender continuamente com as sucessivas práticas docentes que desenvolve, evitando a fossilização de suas ações.

No que se refere à segunda questão proposta por Schön ("Quais tipos de saber e quais espécies de conhecimento prático os professores devem ter para bem desempenharem a sua tarefa?"), trata-se,

---

5. E, em alguns casos, de aprender a desaprender, para citar Alberto Caeiro, o heterônimo pessoano que apregoava a necessidade de uma "aprendizagem de desaprender", isto é, a capacidade de se livrar das idéias prontas, dos modelos preconcebidos.

mais uma vez, da relação entre teoria e prática descrita por Gamboa (1995: 32) da seguinte maneira: "A teoria transforma-se na negação da prática porque a tensiona; a prática coloca em xeque a teoria, porque em vez de se ajustar a ela transforma-se em seu contrário. Desse modo, a relação teoria prática é, em verdade, uma relação dialética". O problema é que, na formação dos professores, essa relação dialética demora a se tornar mais evidente, pois o futuro educador só passa a ter um contato mais direto com as questões práticas quase no final de sua formação e, mesmo assim, muitas vezes de forma insatisfatória. Desse modo, faz-se necessária uma reavaliação dos programas de estágio de formação, levando em conta que a formação não se realiza apenas nessas práticas supervisionadas, como o rótulo poderia indicar, mas principalmente na imbricação entre teoria e prática que deve constituir seu próprio cerne.

Por último, a terceira questão proposta por Schön: "Quais tipos de educação são mais favoráveis à preparação dos professores para o ensino efetivo?". Na verdade, trata-se de uma questão muito ampla e seria projeto, talvez, de toda uma vida de reflexão acadêmica. No entanto, mesmo sem responder diretamente à questão, pode-se ao menos delinear alguns elementos que apontem para possíveis respostas. Para se chegar a isso, deve-se pensar nas conseqüências que a escolha de um tipo ou outro de educação pode acarretar. Com efeito, essa escolha traz implicadas três dimensões, segundo Schön (1995: 90):

> Primeira, a compreensão das matérias pelo aluno (Como é que esse rapaz compreende estes modelos? Como é que interpretou estas instruções? [...]); segunda, a interação interpessoal entre o professor e o aluno (Como é que o professor compreende e responde a [sic] outros indivíduos a partir do ponto de vista da sua ansiedade, controle, diplomacia, confrontação, conflito ou autoridade?); terceira, a dimensão burocrática da prática (Como é que um professor vive e trabalha na escola e procura a liberdade essencial à prática reflexiva?).

Há que se considerar que o autor, ao enunciar essas propostas, estava se referindo à importância de se associar essas três dimensões da reflexão sobre a prática, buscando o desenvolvimento do "*prati-*

cum reflexivo". Todavia, não se pode perder de vista que tal postura é decorrência direta do tipo de educação escolhido. Ou seja, a busca de uma "reflexão-na-ação" acaba favorecendo alguns tipos de educação e, por extensão, afastando o educador de outros. Sem querer analisar cada um dos diferentes tipos de educação[6], pode-se, com algum grau de aproximação, afirmar que, quando se associa o ensino/aprendizagem às propostas fundadas na "reflexão-na-ação", acaba-se favorecendo as teorias sociais, ou seja, aquelas que trazem para a sala de aula justamente a convivência coletiva[7].

Falar, então, da formação reflexiva de um professor implica focalizar justamente aquilo que constitui a essência da atividade reflexiva, estabelecendo procedimentos e constituindo elementos de prática docente que, mesmo após o período de formação, continuam a pautar a atuação do educador. Em outras palavras, quer-se chamar a atenção para o que se entende aqui por reflexão, primeiro passo necessário para apresentar o que, em decorrência, seria a formação reflexiva. Por reflexão não se entende aqui tão-somente a capacidade de articular raciocínios, o que é atributo da própria espécie humana:

> É importante frisar que a reflexão não é apenas um processo psicológico individual, passível de ser estudado a partir de esquemas formais, independentes do conteúdo, do contexto e das interações. A reflexão implica a imersão consciente do homem no mundo da sua experiência [...]. O conhecimento académico, teórico, científico ou técnico, só pode ser considerado instrumento dos processos de reflexão se for integrado significativamente, não em parcelas isoladas da memória semântica, mas em esquemas de pensamento mais genéricos activados pelo indivíduo quando interpreta a realidade concreta em que vive e quando organiza a sua própria experiência. A reflexão não é um conhecimento "puro", mas sim um conhecimento contaminado pelas contingências que rodeiam e impregnam a própria experiência vital (Gómez, 1995: 103).

---

6. Um estudo exaustivo dessa matéria se encontra em Bertrand (1992).

7. "As teorias sociais fundam-se sobre a idéia de que a educação deve permitir que se resolvam os problemas sociais, culturais e ambientais. A educação teria, como principal missão, preparar os alunos para encontrar soluções para esses problemas."

Gómez chama, assim, a atenção para a necessidade de se estabelecer uma vinculação direta entre a reflexão "pura" e as circunstâncias em que se dá a prática do indivíduo, tirando a ênfase do pensamento dito abstrato para ancorá-lo firmemente no mundo da experiência. Ressalte-se que não se defende aqui nenhum tipo de empirismo, uma vez que não se pretende dar à prática qualquer primazia sobre a reflexão. Diga-se, apenas, que a prática deve tornar-se condição para que se manifeste a reflexão, motivando-a e modificando-a de acordo com as necessidades e os contextos. Do mesmo modo, não se apregoa aqui a defesa daquilo que o mesmo Gómez (1995: 99) chama de "obscurantismo teórico", em que a prática se encontra, de alguma forma, já totalmente predeterminada por algum esquema dedutivista. O que se defende, como já se disse acima, é um diálogo entre as duas instâncias, buscando, assim, estabelecer elementos e processos que levem a uma formação reflexiva. E tal formação deve fazer que o educador seja capaz de envolver-se não apenas com os aspectos teóricos de sua prática docente, mas também com "a complexidade, a incerteza, a instabilidade, a singularidade e o conflito de valores" (cf. Schön, 1983, apud Gómez, 1995: 99) que estão presentes em toda situação social, o que inclui, evidentemente, a sala de aula.

Trata-se, em suma, de tornar o educador capaz de uma apropriação dinâmica do conhecimento e, mais ainda, de torná-la parte essencial de seu processo de formação. Isso significa que a prática não deve ser encarada como a culminância (ou estágio final) do processo de formação, mas como um elemento que perpassa todo esse processo, do começo ao fim. Nas palavras de Gómez (1995), a prática não pode ser considerada um contexto de aplicação, mas um processo de investigação. Dessa maneira, "o pensamento prático do professor não pode ser ensinado, mas pode ser aprendido. Aprende-se fazendo e reflectindo *na* e *sobre* a acção. Através da *prática* é possível apoiar e desenvolver *o pensamento prático*, graças a uma reflexão conjunta (e recíproca) entre o aluno-mestre e o professor ou tutor" (ibid.: 112.)

Formação ou treinamento? A formação do educador para o uso das tecnologias de informação e comunicação

A formação dos educadores para o uso das TIC envolve uma série de questões, algumas delas já apresentadas nos parágrafos precedentes. Todavia, há ainda que se aprofundar dois pontos que, tendo em vista a discussão apresentada, merecem análise mais detida. O primeiro deles diz respeito à maneira como o professor é preparado para a absorção dos conhecimentos tecnológicos. Pretende-se dizer, com isso, que toda estratégia de formação deve considerar a necessidade de não centrar o processo de formação tão-somente na utilização dos recursos técnicos. De forma geral, essa é uma tendência freqüente nas instituições ou organizações educacionais, talvez porque os responsáveis pelos processos de formação não tenham o cuidado de considerar que a absorção da tecnologia é apenas parte de uma situação muito mais complexa.

O segundo ponto diz respeito à dualidade que se estabelece, respectivamente, entre **conhecimento** e **treinamento**. Segundo Becker (1993: 60),

> Certamente a pior explicação da gênese e do desenvolvimento do conhecimento é a que está subjacente ao conceito de treinamento. No seu âmago, o treinamento implica, da forma mais acabada, a relação unidirecional do objeto para o sujeito epistêmico. Treinar significa o sujeito passar ao objeto (outro sujeito, psicologicamente falando) habilidades ou conhecimentos que supostamente este não tem. Elimina-se completamente qualquer interação.
>
> O treinamento, como conceito, implica, portanto, de forma radical, a epistemologia empirista. A própria ação do sujeito da aprendizagem é reduzida ao valor de mero reforço da estimulação, que é o apanágio do treinamento.

Trata-se de deixar bem clara a distinção entre capacitação técnica (ou seja, a absorção de conhecimentos técnicos, condição *sine qua non* para qualquer estratégia de formação para o uso de recursos informatizados) e treinamento (a simples repetição de ações, informações e processos, sem que se esteja consciente dos motivos desses atos). Assume-se aqui, por conseguinte, a posição acima defendida por Becker. Com efeito, não se pode, em nome de uma pretensa humanização do conhecimento, abrir mão de um efetivo domínio dos recursos tecnológicos. Mas, por outro lado, não se pode reduzir todo o complexo processo de formação a um simples treinamento tecnológico.

Nesse caso, é importante refletir, em primeiro lugar, acerca da distinção entre vivência e experiência, o que poderá dar, justamente, uma idéia mais clara das diferenças entre treinamento e capacitação. Segundo Walter Benjamin (1983: 30-32), a primeira traduziria o fluxo do vivido, aquilo "que se decanta na vida bitolada e desnaturada das massas civilizadas". No que diz respeito à experiência, afirma ainda Benjamin, "determinados conteúdos do passado individual entram em conjunção, na memória, com os do passado coletivo". Nesse sentido, Becker (1993: 70) diz que "a experiência que produz conhecimento não se confunde com o saber fazer, com a prática; mas com a reflexão sobre o saber fazer, sobre a prática". É dessa forma que se procura entender a capacitação: como uma experiência que, escapando aos automatismos da "vida bitolada e desnaturada das massas civilizadas", traz mais do que a mera tomada de consciência do objeto e de seus processos; ela permite, ao contrário, internalizar a maneira como se constituiu essa consciência do objeto. Em outras palavras, a experiência permite trazer à consciência o processo de constituição de seu objeto de conhecimento.

Isso explicaria, talvez, a razão pela qual se associa ao treinamento uma postura quantitativa. Ao não dar relevo a um aprofundamento do fluxo vivido — tal como se torna possível pela experiência —, os processos de treinamento só podem optar pela incorporação imediata, progressiva e incessante de dados, sem que eles sejam incorporados à experiência profunda dos indivíduos envolvidos. O valor do treinamento, então, se mede pela quantidade da matéria assimilada e não pela maneira como ela foi internalizada.

O processo de formação, que poderá trazer o aporte indispensável de um conhecimento, se faz pelo viés da crítica. Ou seja, nessas condições, produz-se aquilo que pode ser chamado de "conhecimento do conhecimento", em que não só se apreendem conteúdos, mas se aprende como se dá essa aprendizagem, tornando possível, então, desenvolver uma consciência clara do que se pode e se pretende fazer com tais conteúdos.

Formação e construção do conhecimento

Habitualmente, quando se fala em recursos tecnológicos, faz-se uma analogia com a alfabetização, sobretudo para caracterizar aqueles que não possuem os conhecimentos mínimos necessários para operar com os instrumentos informatizados. Na sua grande maioria, eles próprios se classificam como **analfabetos tecnológicos**, isto é, pessoas que não conseguem decifrar, reconhecer ou perceber o sentido e as possibilidades dos recursos tecnológicos. Confrontados a máquinas e procedimentos cuja sintaxe não dominam, deixam-se colocar à margem, evitando interagir com uma esfera de ações e de coisas cuja linguagem lhes escapa quase que totalmente.

No entanto, essa classificação esconde mal maior: o problema reside não no fato de um apreciável contingente da população escolarizada apresentar pouco domínio das tecnologias já acessíveis, mas de uma recusa quase que ideológica em integrar novos instrumentos a sua prática cotidiana, quando se classificam, eles próprios, como analfabetos tecnológicos.

Nas palavras de Sampaio (1996: 10):

> Assim como, durante séculos, a alfabetização tem sido fator de socialização, inserção no mundo e interpretação deste, hoje torna-se cada vez mais importante uma alfabetização audiovisual (Demartini, 1993), uma educação para a mídia (Belloni, 1991), enfim, uma alfabetização tecnológica para interpretação e ação crítica junto às novas tecnologias e formas de comunicação.

Tanto a "interpretação" como a "ação crítica" são posturas que devem ser desenvolvidas, pois constituem a base sobre a qual se poderá desenvolver uma assimilação efetiva e profunda dos recursos tecnológicos. Para que isso ocorra, é necessário que a sociedade, nos diferentes níveis (família, escola etc.), assuma como prioridade a formação desse cidadão capaz de interpretar e agir criticamente com e diante dos instrumentos tecnológicos. Há que se ressaltar, todavia, uma mudança na maneira como as diferentes gerações têm tratado essa questão. Contrariamente às formas tradicionais de transmissão cultural, em que o saber coletivo (mítico, religioso, folclórico, técnico etc.) era passado dos mais velhos aos mais jovens, no caso dos recursos informatizados testemunha-se uma situação em que freqüentemente os mais jovens acabam por ter a primazia no uso e no domínio desses recursos. Essa situação se explica, talvez, pela menor resistência que as gerações mais recentes apresentam diante das tecnologias, por terem nascido em um mundo altamente tecnologizado e extremamente dinâmico[8].

Em suma, o conceito de alfabetização tecnológica defendido por Sampaio (1996)[9] pretende dar conta do equilíbrio sempre necessário entre absorção (utilização pragmática) e transformação (crítica reflexiva). Quando se pensa na incorporação das tecnologias de informação e comunicação ao processo de ensino/aprendizagem, sobretudo no que diz respeito à formação dos professores, essa formação deve buscar desenvolver uma cultura tecnológica que expresse nao somente a capacitação técnica, mas principalmente a construção do conhecimento por parte desses professores, o que passa necessariamente por uma postura epistemológica, isto é, por um conhecimento de seu próprio conhecimento. Como dizem Maturana e Varela (1990: 12):

> A reflexão é um processo de conhecer como conhecemos, um ato de nos debruçar sobre nós mesmos, a única oportunidade que temos de descobrir nossas cegueiras e de reconhecer que as certezas e os conhecimentos dos outros são, respectivamente, tão nebulosos e tão frágeis como os nossos.

---

8. A esse propósito, ver Postman (1994) ou Schaff (1995).

9. Esse conceito sofreu uma alteração ao longo da pesquisa realizada pela autora. Segundo ela, foi preciso registrar "a importância da realização das entrevistas com os professores, para dar vida ao conceito e fazer emergir seu lado prático. Esta contraposição com a experiência dos professores foi fundamental para que este conceito não se tornasse mais um trabalho teórico realizado sem o referencial da realidade e, portanto, com poucas condições de contribuir para a construção de uma educação que vise exatamente o conhecimento do mundo para transformá-lo" (p. 137).

> Esta situação especial de conhecer como se conhece vem a ser tradicionalmente elusiva para nossa cultura ocidental, centrada na ação e não na reflexão, de maneira que nossa vida pessoal é em geral cega para si mesma (nossa tradução).

Com isso, configura-se uma situação em que a construção do conhecimento se dá concomitantemente à própria construção do ser-educador. Trata-se do que os mesmos Maturana e Varela chamam de "*autopoiesis*"[10], que aqui pode ser entendido como uma construção reflexiva de forma circular[11] e autônoma que leve não apenas à acumulação de conhecimentos, mas também e principalmente a uma consciência acerca da maneira como eles se acumulam, o que, em última análise, deve implicar uma constante reconstrução do próprio ser reflexivo.

Assim, há que se aprofundar essa análise no sentido de estabelecer as ligações entre a formação do professor e a informação técnica com vistas à utilização dos recursos informatizados. Não se fala aqui de uma **formação técnica**, na medida em que os recursos tecnológicos não se colocam como finalidade do processo, mas como instrumentos ou meios para o exercício da prática docente. Dessa maneira, a formação deve ter como objetivo a construção de um conhecimento que ultrapasse o simples domínio dos processos e dos instrumentos colocados à disposição do professor. Na utilização desses recursos, o que está em jogo não é a maior ou menor eficácia com que são manipulados, ou a presteza e a confiabilidade dos resultados que pro-

---

10. Cf. Assmann (1996: 98-99), "o conceito de *autopoiése* é menos comum, na literatura científica de hoje, que o de auto-organização. A etimologia grega do termo (*autós*: próprio + *poiein*: fazer, ou o substantivo *póiesis*, portanto: autofazer-se, autofazimento, auto-engendramento) sinaliza uma ponte possível entre os níveis de intencionalidade auto-organizativa da vida que transcorrem sem qualquer intervenção da consciência e os níveis onde desponta uma consciência possível. Além disso, a teoria autopoiética de Maturana e Varela coloca explicitamente o conceito de *autopoiése* no cerne da discussão sobre o conhecimento".

11. Meeuse (1986: 33) destaca o "caráter circular do pensamento, comum aos grandes sistemas alemães. Fichte sublinhava o caráter circular de sua filosofia e que assegurava sua exatidão: as premissas se explicam somente pela conclusão e a conclusão somente se explica em função das premissas".

duzem, mas a possibilidade de serem utilizados como motivo de reflexão e de retomada dos pressupostos da prática docente.

No caso, é necessário dotar a prática de uma racionalidade que extrapole o empirismo, contribuindo para a construção daquele "*praticum* reflexivo" defendido por Schön (1995) e que vai muito além do mero domínio dos dados e processos técnicos. Para isso, é igualmente necessário distinguir uma racionalidade prática de uma racionalidade técnica, na esteira do que diz Gómez (1995):

> Segundo o modelo da racionalidade técnica, a actividade do profissional é sobretudo instrumental, dirigida para a solução de problemas mediante a aplicação rigorosa de teorias e técnicas científicas. Para serem eficazes, os profissionais da área das ciências sociais devem enfrentar os problemas concretos que encontram na prática, aplicando princípios gerais e conhecimentos científicos derivados da investigação (p. 96).
>
> [N]A racionalidade prática [...] parte-se da análise das práticas dos professores quando enfrentam problemas complexos da vida escolar, para a compreensão do modo como utilizam o conhecimento científico, como resolvem situações incertas e desconhecidas, como elaboram e modificam rotinas, como experimentam hipóteses de trabalho, como utilizam técnicas e instrumentos conhecidos e como recriam estratégias e inventam procedimentos e recursos (p. 102).

Parece claro que a formação dos educadores deve, então, estabelecer entre ambas as racionalidades uma relação de complementaridade: por um lado, a racionalidade prática deve dar à racionalidade técnica um alcance maior do que o mero domínio instrumental dos "princípios gerais e dos conhecimentos científicos"; por outro, a racionalidade técnica deve trazer à racionalidade prática diferentes aproximações teóricas que ajudem na resolução de problemas que se apresentam nas situações "de incerteza, instabilidade, singularidade e conflitos de valores" (cf. Schön, 1983, apud Gómez, 1995).

É dessa maneira, então, que se deve considerar a formação inicial e a formação continuada dos professores, tomadas isoladamente ou, o que seria ainda melhor, dentro de um *continuum* de formação que não se esgota em nenhum momento.

No que se refere aos recursos informatizados, é preciso esclarecer que não devem constituir o eixo central do processo de formação inicial. Com efeito, a velocidade com que esses recursos se modificam inviabiliza, a curto prazo, todo projeto que faça da atualização tecnológica constante do educador a mola propulsora do processo de formação. Por outro lado, essa velocidade não pode ser motivo de relegar tais recursos a segundo plano, como se os educadores dos dias de hoje pudessem abstrair-se de seu contexto e ensinar como se estivessem isolados da tecnologização da sociedade contemporânea. Em conseqüência, o processo de formação inicial deve ser capaz de dar ao futuro educador condições de pensar criticamente como se fará (e em que medida) a integração dos recursos informatizados a sua prática docente. Formar, aqui, deve significar o desenvolvimento de uma racionalidade aberta, capaz de, no momento certo e sob as condições adequadas, decidir qual recurso informatizado deve ser incorporado à prática docente e como se fará a absorção dessa tecnologia, tendo sempre em vista o processo de ensino/aprendizagem que envolve educandos e educador. Daí a necessidade de que essa formação inicial esteja fundada em uma visão crítica e humanística, que coloque a construção efetiva do indivíduo acima da simples assimilação de conhecimentos e/ou instrumentos tecnológicos.

Quanto à formação continuada, é necessário, primeiramente, que se estabeleça algum vínculo (mesmo que seja de oposição) com a formação inicial do educador, buscando estabelecer aquele *continuum* de que se falou acima. Segundo Enricone e Faria (1998), entre as razões que determinam a formação continuada, as autoras apontam:

> a exigência de evitar a rotinização e a obsolescência do conhecimento imposta pela evolução e progresso das ciências; a heterogeneidade do conhecimento adquirido a ser analisado dentro de culturas próprias; a multiplicidade de diferentes lugares de conhecimento e de saber demandando readaptações, utilizações técnicas dos novos meios de comunicação e a consideração dos aspectos psicopedagógicos da aprendizagem.

Evidentemente, há vários outros motivos que explicam a constante necessidade de uma formação continuada. O que se deve reter é, acima de tudo, a necessidade de que essa formação compartilhe aquela mesma visão crítica e humanística que deve constituir o eixo de toda formação inicial, como já apontado acima. Dessa maneira, a formação continuada deverá ser capaz de dar ao educador condições de desenvolver constantemente suas habilidades e, além disso, novas aptidões, justapondo à renovação incessante dos objetos tecnológicos um indivíduo sempre disposto a se (auto)renovar.

Em conseqüência, é importante, então, falar de uma formação **nos** e **pelos** recursos informatizados, isto é, que associe a **finalidade** da formação ao **meio** em que ela se realiza, proporcionando ao professor condições de desenvolver a reflexão crítica para ajudá-lo a formar seus estudantes, futuros atores desta sociedade do espetáculo que nós mesmos produzimos.

Bibliografia

ABRAHÃO, M. H. V. (1996), *Conflitos e incertezas do professor de língua estrangeira na renovação de sua prática de sala de aula*. Tese de doutorado, Campinas, Instituto de Estudos da Linguagem, UNICAMP.

ALMEIDA, F. J. de (1988), *Educação e informática: os computadores na escola*. São Paulo, Cortez (coleção Polêmicas do Nosso Tempo, 19).

ASSMANN, H. (1996), *Metáforas novas para reencantar a educação: epistemologia e didática*. Piracicaba, Editora da UNIMEP.

BAKHTIN, M. (1995), *Marxismo e filosofia da linguagem: problemas fundamentais do método sociológico na ciência da linguagem*. São Paulo, Hucitec, 7ª ed.

BECKER, F. (1993), *A epistemologia do professor: o cotidano da escola*. Petrópolis, Vozes.

BELLONI, M. L. (ago. 1991), Educação para a mídia: missão urgente da escola, *Comunicação e Sociedade. Revista de Estudos de Comunicação* v. 10, nº 17, 33-45.

BENJAMIN, Walter (1983), Sobre alguns temas em Baudelaire, in *Walter Benjamin, Max Horkheimer, Theodor W. Adorno, Jürgen Habermas*. Tradução de José Lino Grünnewald et al. São Paulo, Abril Cultural, pp. 29-56 (coleção Os Pensadores).

BERTRAND, Y. (1992), *Théories Contemporaines de l'Education*. Laval, Editions Agence D'Arc, 2ª ed.

CARRAHER, D. W. (1983), *Senso crítico: do dia-a-dia às ciências humanas*. São Paulo, Pioneira (Manuais de Estudo).

DEMARTINI, P. P. (jul./out. 1993), Atualização e aperfeiçoamento de professores por multimeios, *Tecnologia Educacional* vol. 22, nº 113/114, 75-78. Rio de Janeiro.

DEMO, P. Formação permanente de formadores — Educar pela pesquisa, in MENEZES, L.C. (org.) (1996), *Professores: formação e profissão,* Campinas, Autores Associados; São Paulo, NUPES (coleção Formação de Professores).

ENRICONE, D. C., FARIA, E. T. Formação pedagógica de especialistas da educação: uma proposta de estudos continuados, in ANPED. (1988), *Seminário de Pesquisa em Educação — Região Sul.* Florianópolis, Fórum Sul de Programas de Pós-Graduação em Educação, (CD-Rom).

FREIRE, P. (1982), *A importância do ato de ler: em três artigos que se completam.* São Paulo, Cortez (coleção Polêmicas do Nosso Tempo, 4).

________ (1997), *Pedagogia da autonomia: saberes necessários à prática educativa.* Rio de Janeiro, Paz e Terra (coleção Leitura).

GAMBOA, S. S. A contribuição da pesquisa na formação docente, in REALI, A. M. M. R., MIZUKAMI, M. da G. N. (1996), *Formação de professores: tendências atuais.* São Carlos, EDUFSCar, pp. 115-130.

GÓMEZ, A. P., O pensamento prático do professor: a formação do professor como profissional reflexivo, in NÓVOA, A. (org.). (1995), *Os professores e a sua formação.* Lisboa, Dom Quixote, pp. 95-114.

GUTIERREZ, F., PRIETO, D. (1994), *A mediação pedagógica. Educação a distância alternativa.* Campinas, Papirus (série Educação Internacional do Instituto Paulo Freire).

HAMELINE, D. O educador e a acção sensata, in NÓVOA, A. (1991), *Profissão professor.* Porto, Porto Editora, pp. 33-60.

MATURANA, H. R., VARELA, F. G. (1990), *El árbol del conocimiento: las bases biológicas del entendimiento humano.* Santiago, Editorial Universitaria.

NOGUEIRA, L. (1996), *A criança e o computador: instantâneo da modernidade através das lentes infantis.* Dissertação de mestrado, Rio de Janeiro, Departamento de Educação, PUC-RJ.

NÓVOA, A. O passado e o presente dos professores, in NÓVOA, A. (1991), *Profissão professor.* Porto, Porto Editora, pp. 9-32.

POSTMAN, N. (1994), *Tecnopólio: a rendição da cultura à tecnologia.* São Paulo, Nobel.

SAMPAIO, M. N. (1996), *Alfabetização Tecnológica do Professor: a busca de um conceito.* Dissertação de mestrado, Rio de Janeiro, Faculdade de Educação, UFRJ.

SCHAFF, A. (1995), *A sociedade informática: as conseqüências sociais da segunda revolução industrial.* São Paulo, Editora da UNESP/Brasiliense, 5ª ed.

SCHÖN, D. A. Formar professores como profissionais reflexivos, in NÓVOA, A. (org.) (1995), *Os professores e a sua formação.* Lisboa, Dom Quixote, pp. 78-91.

WALLACE, M. J. *Training Foreign Language Teachers. A Reflective Approach.* Cambridge, Cambridge University Press, 1991.

ZEICHNER, K. Novos caminhos para o *praticum*: uma perspectiva para os anos 90, in NÓVOA, A. (org.) (1995), *Os professores e a sua formação.* Lisboa, Dom Quixote, pp. 117-138.

DISTRIBUIDORES DE EDIÇÕES LOYOLA

AMAZONAS

EDITORA VOZES LTDA
Rua Costa Azevedo, 91
Tel.: (0**92) 232-5777 • Fax: (0**92) 233-0154
69010-230 **Manaus**, AM

PAULINAS
Av. 7 de Setembro, 665
Tel.: (0**92) 633-4251/233-5130 • Fax: (0**92) 633-4017
69005-141 **Manaus**, AM

BAHIA

LIVRARIA E DISTRIB. MULTICAMP LTDA
Rua Direita da Piedade, 203 – Piedade
Tel.: (0**71) 329-0326/329-1381
Telefax.: (0**71) 329-0109
40070-190 **Salvador**, BA

EDITORA VOZES LTDA
Rua Carlos Gomes, 698A
Conjunto Bela Center – loja 2
Tel.: (0**71) 329-5466 • Fax: (0**71) 329-4749
40060-410 **Salvador**, BA

PAULINAS
Av. 7 de Setembro, 680 – São Pedro
Tel.: (0**71) 329-2477/329-3668 • Fax: (0**71) 329-2546
40060-001 **Salvador**, BA

BRASÍLIA

EDITORA VOZES LTDA
CRL/Norte – Q. 704 – Bloco A n. 15
Tel.: (0**61) 326-2436 • Fax: (0**61) 326-2282
70730-516 **Brasília**, DF

PAULINAS
SCS – Q. 05 – Bl. C – Lojas 18/22
Tel.: (0**61) 225-9595 • Fax: (0**61) 225-9219
70300-500 **Brasília**, DF

CEARÁ

EDITORA VOZES LTDA
Rua Major Facundo, 730
Tel.: (0**85) 231-9321 • Fax: (0**85) 221-4238
60025-100 **Fortaleza**, CE

PAULINAS
Rua Major Facundo, 332
Tel.: (0**85) 226-7544/ 226-7398 • Fax: (0**85) 226-9930
60025-100 **Fortaleza**, CE

ESPÍRITO SANTO

PAULINAS
Rua Barão de Itapemirim, 216
Tel.: (0**27) 223-1318 • Fax: (0**27) 222-3532
29010-060 **Vitória**, ES

GOIÁS

LIVRARIA ALTERNATIVA
Varejo
Rua 21, nº 61 - Setor Central
Tel: (0**62) 224-9358 • Fax: (0**62) 212-1035
74030-070 **Goiânia**, GO

Atacado
Rua 21, nº 45 - 1º andar - Setor Central
Tel: (0**62) 229-0107 • Fax: (0**62) 212-1035
74030-070 **Goiânia**, GO

EDITORA VOZES LTDA
Rua 3, nº 291 – Centro
Tel.: (0**62) 225-3077 • Fax: (0**62) 225-3994
74023-010 **Goiânia**, GO

PAULINAS
Av. Goiás, 636
Tel.: (0**62) 224-2585/224-2329 • Fax: (0**62) 224-2247
74010-010 **Goiânia**, GO

MARANHÃO

EDITORA VOZES LTDA
Rua da Palma, 502
Tel.: (0**98) 221-0715 • Fax: (0**98) 231-0641
65010-440 **São Luís**, MA

PAULINAS
Rua de Santana, 499 – Centro
Tel.: (0**98) 232-3068 • Fax: (0**98) 232-2692
65015-440 **São Luís**, MA

MATO GROSSO

EDITORA VOZES LTDA
Rua Marechal Floriano, 611
Tel.: (0**65) 623-5307 • Fax: (0**65) 623-5186
78045-750 **Cuiabá**, MT

MARCHI LIVRARIA E DISTRIBUIDORA LTDA
Av. Getúlio Vargas, 381 – Centro
Tel.: (0**65) 322-6809/322-6967 • Fax: (0**65) 322-3350
78005-600 **Cuiabá**, MT

MINAS GERAIS

EDITORA VOZES LTDA
Rua Sergipe, 120 – B. Funcionários
Tel.: (0**31) 3226-9010/3226-9269
Fax: (0**31) 3222-7797
30130-170 **Belo Horizonte**, MG

Rua Tupis, 114
Tel.: (0**31) 3273-2538 • Fax: (0**31) 3222-4482
30190-060 **Belo Horizonte**, MG

Rua Espírito Santo, 963
Tel.: (0**32) 3215-9050 • Fax: (0**32) 3215-8061
36010-041 **Juiz de Fora**, MG

ASTECA DISTRIBUIDORA DE LIVROS LTDA.
Rua Costa Monteiro, 50 e 54 – Bairro Sagrada Família
Tel.: (0**31) 3423-7979 • Fax: (0**31) 3424-7667
31030-480 **Belo Horizonte**, MG

PARCERIA COMERCIAL ALETHEIA LIV. E PAP. LTDA
Campus PUC Minas
Rua do Rosário, 1081 – Angola
Tel.: (0**31) 3532-4373 • Fax: (0**31) 3595-8519
32630-000 **Betim**, MG

Campus PUC Minas
Tel.: (0**31) 3352-7818 • Fax: (0**31) 3352-7919
32285-040 **Contagem**, MG

PAULINAS
Rua Bernardo Guimarães, 765
Tel.: (0**31) 3261-6623/3261-7236 • Fax: (0**31) 3261-3384
30140-081 **Belo Horizonte**, MG

Rua Curitiba, 870
Tel.: (0**31) 3224-2832 • Fax (0**31) 3224-2208
30170-120 **Belo Horizonte**, MG

PARÁ

PAULINAS
Rua Santo Antônio, 278 – Bairro do Comércio
Tel.: (0**91) 241-3607/ 241-4845 • Fax: (0**91) 224-3482
66010-090 **Belém**, PA

PARANÁ

EDITORA VOZES LTDA
Rua Voluntários da Pátria, 41 – Centro
Tel.: (0**41) 233-1392 • Fax: (0**41) 224-1442
80020-000 **Curitiba**, PR

Rua Piauí, 72 — Loja 1
Tel.: (0**43) 337-3129 • Fax: (0**43) 325-7167
86010-390 **Londrina**, PR

LIVRARIA MILLENIUM LTDA.
Rua Dr. Goulin, 1523 – Hugo Lange
Tel.: (0**41) 362-0296/262-8992
Fax: (0**41) 362-0296/362-1367
80040-280 **Curitiba**, PR

PAULINAS
Rua Voluntários da Pátria, 225
Tel.: (0**41) 224-8550 • Fax: (0**41) 223-1450
80020-000 **Curitiba**, PR

Av. Getúlio Vargas, 276 – Centro
Tel.: (0**44) 226-3536 • Fax: (0**44) 226-4250
87013-130 **Maringá**, PR

PERNAMBUCO, PARAÍBA, ALAGOAS, RIO GRANDE DO NORTE E SERGIPE

EDITORA VOZES LTDA
Rua do Príncipe, 482 – Boa Vista
Tel.: (0**81) 3423-4100 • Fax: (0**81) 3423-7575
50050-410 **Recife**, PE

EDITORA VOZES LTDA
Rua Frei Caneca, 12, 16 e 1 – Bairro Santo Antônio
Tel.: (0**81) 3224-1380
50010-120 **Recife**, PE

PAULINAS
Rua Duque de Caxias, 597 – Centro
Tel.: (0**83) 241-5591/241-5636 • Fax: (0**83) 241-6979
58010-821 **João Pessoa**, PB

Rua da Alegria (ant. Joaquim Távora), 71
Tel.: (0**82) 326-2575 • Fax: (0**82) 326-6561
57020-320 **Maceió**, AL

Rua João Pessoa, 224 – Centro
Tel.: (0**84) 212-2184 • Fax: (0**84) 212-1846
59025-500 **Natal**, RN

Rua Frei Caneca, 59 – Loja 1
Tel.: (0**81) 3224-5812/3224-6609
Fax: (0**81) 3224-9028/3224-6321
50010-120 **Recife**, PE

RIO DE JANEIRO

ZÉLIO BICALHO PORTUGAL CIA. LTDA
Vendas no Atacado e no Varejo
Av. Presidente Vargas, 502 – sala 1701
Telefax: (0**21) 233-4295/ 263-4280
20071-000 **Rio de Janeiro**, RJ

Rua Marquês de S. Vicente, 225 – PUC
Prédio Cardeal Leme – Pilotis
Telefax: (0**21) 259-0195
22451-041 **Rio de Janeiro**, RJ

Centro Tecnologia – Bloco A – UFRJ
Ilha do Fundão – Cidade Universitária
Telefax: (0**21) 290-3768
21941-590 **Rio de Janeiro**, RJ

EDITORA VOZES LTDA
Rua Senador Dantas, 118-I
Tel.: (0**21) 220-8546 • Fax: (0**21) 220-6445
20031-201 **Rio de Janeiro**, RJ

Av Rio Branco, 311 sala 605 e 607
Tel.: (0**21) 215-6386 • Fax: (0**21) 533-7670
20040-009 **Rio de Janeiro**, RJ

Rua Frei Luís, 100
Tel.: (0**24) 237-5112 • Fax: (0**24) 231-4676
25689-900 **Petrópolis**, RJ

Rua do Imperador, 834
Tel.: (0**24) 237-5115 r. 245
25620-001 **Petrópolis**, RJ

PAULINAS
Rua 7 de Setembro, 81-A
Tel.: (0**21) 232-5486 • Fax: (0**21) 224-1889
20050-005 **Rio de Janeiro**, RJ

Rua Doutor Borman, 33 – Rink
Tel.: (0**21) 622-1219 • Fax: (0**21) 622-9940
24020-320 **Niterói**, RJ

RIO GRANDE DO SUL

EDITORA VOZES LTDA
Rua Riachuelo, 1280
Tel.: (0**51) 226-3911 • Fax: (0**51) 226-3710
90010-273 **Porto Alegre**, RS

EDITORA VOZES LTDA
Rua Ramiro Barcelos, 386
Tel.: (0**51) 225-4879 • Fax: (0**51) 225-4977
90035-000 **Porto Alegre**, RS

PAULINAS
Rua dos Andradas, 1.212
Tel.: (0**51) 221-0422 • Fax: (0**51) 224-4354
90020-008 **Porto Alegre**, RS

RONDÔNIA

PAULINAS
Rua Dom Pedro II, 864
Tel.: (0**69) 224-4522 • Fax: (0**69) 224-1361
78900-010 **Porto Velho**, RO

SANTA CATARINA

EDITORA VOZES
Rua Jerônimo Coelho, 308
Tel.: (0**48) 222-4112 • Fax: (0**48) 241-1007
88010-030 **Florianópolis**, SC

SÃO PAULO

DISTRIBUIDORA LOYOLA DE LIVROS LTDA
Vendas no Atacado
Rua Conselheiro Ramalho, 692/694
Tel.: (0**11) 3145-5788 • Fax: (0**11) 3284-7651
01325-000 **São Paulo**, SP

Vendas no Varejo
Rua Senador Feijó, 120
Telefax: (0**11) 3242-0449
01006-000 **São Paulo**, SP

Rua Barão de Itapetininga, 246
Tel.: (0**11) 3255-0662 • Fax: (0**11) 3231-2340
01042-001 **São Paulo**, SP

Rua Quintino Bocaiúva, 234 – Centro
Tel.: (0**11) 3105-7198 • Fax: (0**11) 232-4326
01004-010 **São Paulo**, SP

EDITORA VOZES LTDA
Rua Senador Feijó, 168
Tel.: (0**11) 3105-7144 • Fax: (0**11) 3107-7948
01006-000 **São Paulo**, SP

Rua Haddock Lobo, 360
Tel.: (0**11) 256-0611/ 256-2831 • Fax: (0**11) 258-2841
01414-000 **São Paulo**, SP

Rua dos Trilhos, 627 – Moóca
Tel.: (0**11) 6693-7944 • Fax: (0**11) 6693-7355
03168-010 **São Paulo**, SP

Rua Monte Alegre, 984 – 1º andar – Perdizes
Tel.: (0**11) 3670-8194
05014-001 **São Paulo**, SP

EDITORA VOZES LTDA
Rua Barão de Jaguara, 1164/1166
Tel.: (0**19) 231-1323 • Fax: (0**19) 234-9316
13015-002 **Campinas**, SP

Centro de Apoio aos Romeiros
Setor "A", Asa "Oeste"
Rua 02 e 03 – Lojas 111/112 e 113/114
Tel.: (0**12) 564-1117 • Fax: (0**12) 564-1118
12570-000 **Aparecida**, SP

PAULINAS
Rua Domingos de Morais, 660
Tel.: (0**11) 5081-9330 • Fax: (0**11) 5549-7825
04010-100 **São Paulo**, SP

Rua XV de Novembro, 71
Tel.: (0**11) 3106-4418/ 3106-0602
Fax: (0**11) 3106-3535
01013-001 **São Paulo**, SP

Via Raposo Tavares, km 19,145
Tel.: (0**11) 3782-1889/3782-0096
Fax: (0**11) 3782-0972
05577-300 **São Paulo**, SP

Av. Marechal Tito, 981
São Miguel Paulista
Tel.: (0**11) 297-5756 • Fax: (0**11) 6956-0162
08010-090 **São Paulo**, SP

PORTUGAL

MULTINOVA UNIÃO LIV. CULT.
Av. Santa Joana Princesa, 12 E
Tel: 842-1820/ 848-3436
1700-357 **Lisboa**, Portugal

DISTRIBUIDORA DE LIVROS VAMOS LER LTDA.
Rua 4 de infantaria, 18-18A
Tel.: 388-8371/ 60-6996
1350-006 **Lisboa**, Portugal

EDITORA VOZES
Av. Miguel Bombarda, 21A
Tel.: (00**351 21) 355-1127
Fax: (00**351 21) 355-1128
1050 **Lisboa**, Portugal

Se o(a) senhor(a) não encontrar este ou qualquer um de nossos títulos em sua livraria preferida ou em nosso distribuidor, faça o pedido por reembolso postal diretamente a:

Edições Loyola

Rua 1822 nº 347 – Ipiranga – 04216-000 São Paulo, SP
Caixa Postal 42.335 – 04218-970 São Paulo, SP
(0**11) 6914-1922 – Fax: (0**11) 6163-4275
Home page e vendas: www.loyola.com.br
e-mail: vendas@loyola.com.br

Edições Loyola
Editoração, Impressão e Acabamento
Rua 1822, n. 347 • Ipiranga
04216-000 SÃO PAULO, SP
Tel.: (0**11) 6914-1922